Roderich Fellner

FIKTION HEILE FAMILIE !

Wenn Kinder von ihren Eltern nichts mehr wissen wollen.

AKADEMISCHE DRUCK- u. VERLAGSANSTALT
GRAZ/AUSTRIA
2022

© Akademische Druck- u. Verlagsanstalt, Graz 2022
Lektorat: Oliver Roth, Akademische Druck- u. Verlagsanstalt
Gesamtherstellung: Akademische Druck- u. Verlagsanstalt
Druck und Bindung: FINIDR, s.r.o.

Bibliografische Information der Deutschen Bibliothek:
Die Deutsche Bibliothek verzeichnet diese Publikation in der Deutschen Nationalbibliografie,
detaillierte bibliografische Angaben sind im Internet über http://dnb.d-nb.de abrufbar.

Alle Rechte vorbehalten. Kein Teil des Werkes darf in irgendeiner Form ohne schriftliche Genehmigung des Verlages
reproduziert oder unter Verwendung elektronischer Systeme verarbeitet, vervielfältigt oder verbreitet werden.

ISBN: 978-3-201-02078-7

Printed in Czech Republic

INHALTSVERZEICHNIS

Vorwort 6
Einleitung 11

A   Ursachen des Familienabbruches 13

1. Die Welt hat sich verändert 13
2. Alte gesellschaftliche Regeln gelten nicht mehr 14
3. Unterschiedliche Wahrnehmung und Wertigkeit 15
4. Schulische Bildung und Erziehung 21
5. Medienlandschaft 23
6. Leistungsdruck 24
7. Erziehung: Eltern machen Fehler, Kinder aber auch! ... 27
8. Diadochenkomplex 34
9. „Brutpflege" 37
10. Probleme unter Geschwistern 39
11. Coolness 40
12. Kinder dürfen alles – dürfen sie wirklich? 41
13. Pubertät 44
14. Neurophysiologische Veränderungen in der Pubertät ... 47
15. Berufswahl 50
16. Nachfolge im Familienbetrieb 52
17. Familienabbrüche im Umfeld 55
18. Biologische Faktoren in der Eltern-Kind-Bindung 59

B   Weitere Ursachen für Familienabbrüche 63

19. Narzissmus 63
20. Maligner Narzissmus 70
21. Wertschätzung und Entwertung: zwei Antipoden 79

22. Paranoide Persönlichkeitsstruktur 88
23. Erhöhte Anspruchshaltung 93
24. Eifersucht unter Geschwistern 99
25. Histrionische Verhaltensweise 104
26. Empathie 106
27. Resilienz 110
28. Intelligenz und Intelligenzquotient (IQ) 112
29. Emotionale Intelligenz 114
30. Exkurs in die anatomischen Grundlagen
    unserer Psyche 119
31. Nachwirkungen des Krieges 121
32. Gier, Wut und Hass 123
33. Einfluss der Lebenspartner 130
34. Kränkungen 136
35. Polyvagal-Theorie
    (Ein Exkurs in die Neurophysiologie) 144
36. Verhältnis zwischen Schwiegereltern
    und Schwiegerkindern 149
37. Auseinandersetzungen und Streitkultur 151
38. Auslöser des Abbruches 156
39. Vorstadien des Abbruches 157
40. Vollzug des Abbruches 160
41. Protokoll eines Abbruches 162

C Folgen des Abbruches 169

42. Kontaktabbruch aus Sicht der Eltern 169
43. Auswirkungen des Abbruches auf
    die Enkel und Geschwister 171
44. Verbitterung 174
45. Vergeltung und Rache 183

D Lösungsmöglichkeiten 189

46. Wie soll es weitergehen? 189
47. Vergeben, Verzeihen, Versöhnen 192
48. Mögliches Zusammenfinden 200
49. Können Sie Ihrem Kind verzeihen? (im Unterschied zu „vergeben") 204

Epilog 206

Danksagungen 208

Literaturverzeichnis 210

VORWORT

Es kommt viel häufiger vor, als man vermutet, dass Kinder von einem Tag auf den anderen den Kontakt zu ihren Eltern abbrechen; es ist bereits ein zunehmend alltägliches Vorkommnis. Im deutschsprachigen Raum wird über mehr als hunderttausend Kontaktabbrüche von Kindern mit ihrem Elternhaus berichtet; die Dunkelziffer liegt ungleich höher, da zumeist weder von Eltern noch von Kindern gerne darüber gesprochen wird. Kontaktabbrüche waren und sind ein gesellschaftliches Tabu, doch durch die zunehmende Häufigkeit wird auch öffentlich darüber diskutiert und geschrieben. Die Psychotherapeutin Claudia Haarmann schreibt in ihrem Buch „Kontaktabbruch in Familien"[1] , „der familiäre Kontaktabbruch ist keine Ausnahme mehr. Selbst in Japan……ist es ein sehr großes und gleichzeitig absolut tabuisiertes und schambesetztes Thema" und weiter „Gesellschaftlich sind Beziehungsabbrüche alles andere als ein Randphänomen, sie sind Normalität". Aber von allen Beteiligten wird der Familienabbruch als sehr traumatisierend empfunden.

Erst wenn man in der eigenen Familie davon betroffen ist oder im Bekanntenkreis von einem derartigen Familiencrash erfährt, wird man hellhörig und das Thema interessant. Eltern ist es anfangs peinlich, darüber zu sprechen und Kinder sprechen ebenfalls kaum darüber. Wenn der/die Kontaktabbrecher/innen darauf angesprochen werden, versuchen sie den Crash zu diminuieren. Es scheint fast, als ob sich beide Teile dafür schämten.

Beschäftigt man sich mit diesem Phänomen etwas eingehender, findet man schon im eigenen Bekanntenkreis bald ein Dutzend derartiger Familienabbrüche, wobei sich Eltern zumeist schwertun, sich zu öffnen. Das Thema wird aber zunehmend enttabuisiert; das kann schon aus der stark zunehmenden Zahl an Veröffentlichungen in Printmedien, Talkshows, im Internet und den immer zahlreicher werdenden Selbsthilfegruppen entnommen werden. Die Resilienz von Töchtern und Söhnen hat in der heutigen Zeit deutlich abgenommen; sie halten ein friktionsbeladenes Familienklima – wie es ja in allen Familien immer wieder vorkommt – nicht mehr aus. Sie begehren auf und tun dies häufig auch provokativ, im schlimmsten Fall hasserfüllt, was von der Charakterstruktur der Abbrecher und den äußeren Umständen abhängig ist.

Ab den 60iger-Jahren begann ein gesellschaftlicher Umbruch und es wurde eine Anspruchsmentalität gezüchtet, die ein Berechtigungsdenken ohne Pflichtgefühl geschaffen hat (nach Prof. Dietrich Stollberg, Professor für Praktische Theologie in Marburg[2], Mitglied der Konferenz für Familien- und Lebensberatung in Berlin). Ferner beklagt Stollberg eine „extreme Empfindlichkeit derer, die fordern, gegenüber denen, von denen gefordert wird".

In den zwischenmenschlichen Beziehungen gibt es keine engere Bindung, als die der Eltern mit den Kindern, doch dieses enge Verhältnis wird immer wieder auf die Probe gestellt. Die Fürsorge der Eltern beginnt schon vor der Geburt, bedarf es doch mannigfaltiger Überlegungen und Vorbereitungen, um dem Kind ein optimales „Nest" zu bauen. Normalerweise zieht sich diese Fürsorge über das Babyalter und Kleinkindalter bis zur Pubertät und weit ins Erwachsenenalter hin. Eltern reagieren verstört und empfinden es schmerzhaft, dass die sogenannte „heile Familie" später oft nur mehr Fiktion ist und suchen nach Ursachen des Familienabbruches. Das WARUM ist die erste Frage nach einem Abbruch.

In diesem Buch wird versucht, in einer Zusammenschau der schon recht reichhaltigen Literatur die Ursachen des für Eltern und Kinder schmerzhaften Abbruchs zu analysieren.

Die Mehrzahl der Publikationen beschäftigt sich damit, Ursachen und Motivation des Abbruches aus der Sicht der abbrechenden Kinder zu beleuchten; eher seltener werden Kontaktabbrüche aus dem Blickwinkel der verlassenen Eltern betrachtet. So finden sich Publikationen über narzisstische Väter, narzisstische Mütter, narzisstische Geschwister, aber nur sehr wenige über narzisstische Kinder. Bei Familienabbrüchen sollte aber auch die Sichtweise der Eltern nicht vernachlässigt werden; dies ist ein wesentliches Anliegen dieses Buches.

Während die abbrechenden Kinder das bewusst gewollte Ziel durch den vollzogenen Crash erreicht haben – und somit der aktive Teil sind – trifft es die Eltern als passiven Teil oft wie ein Blitz aus heiterem Himmel. Es wäre aber völlig falsch, aus diesem Grund die alleinige Schuld bei den Kindern zu suchen. Kein Kind bricht den Kontakt zu den Eltern leichtfertig ab, sondern diese Tat hat immer eine lange Vorgeschichte. Oft ist es das Gefühl der Abbrecher, zu wenig geliebt zu werden, manchmal liegt es an fehlender finanzieller Unterstützung; die Ursachen, welche zum Abbruch führen, sind mannigfaltig.

Dem Kontaktabbruch durch erwachsene Kinder geht ein langer Überlegungsprozess voraus, bis sie sich für das aus ihrer Sicht vermeintlich Bessere entscheiden. Oft tragen auch die Lebenspartner einen Gutteil (besser: Schlechtteil) zur Motivation bei, wobei es nicht selten um finanzielle Aspekte oder Machtausübung geht, um etwa den/die Partner/in voll zu vereinnahmen, mehr an sich zu binden und der jeweils anderen Familie zu entziehen. (In Hinkunft wird der besseren Lesbarkeit wegen auf Gender-Formulierungen weitgehend verzichtet.)

Eltern berichten, dass der Abbruch für sie überraschend war und sie plötzlich vor einem Scherbenhaufen standen; für die Abbrecher ist der Familiencrash nie überraschend, sondern wohlüberlegt. Jeder Kontaktabbruch hat eine Vorgeschichte, beginnt schleichend als chronischer Entfremdungsprozess, der strategisch genau durchdacht und abgewogen wurde und mit einem Knall endet.

Dieses Buch erhebt nicht den Anspruch, wissenschaftlichen Kriterien zu entsprechen, es ist ein Sachbuch, welches versucht, den Betroffenen Erklärungen für die Ursachen anzubieten, warum erwachsene Kinder – aus welchen Gründen immer – das Weite suchen. In einer keineswegs vollständigen Zusammenschau über die bisher zu diesem Thema veröffentlichte Literatur wird versucht, den Eltern die Motive des Abbruches näher zu bringen und zu vermitteln, dass Trennungen heutzutage nichts Ungewöhnliches sind.

Nicht nur Fachleute aus den Gebieten der Psychologie, Psychiatrie und Psychotherapie sollen zitiert werden, sondern anhand von zahlreichen episodischen Ereignissen soll die Vielschichtigkeit der Abbruchsgeschehnisse beschrieben und Anhaltspunkte gegeben werden, um erfolgreich nach den Ursachen zu fahnden, die einen Abbruch auslösen können.

Dieses Buch gibt keine Anleitung zum Wiederzusammenfinden, denn dazu sind die individuellen Kontaktabbrüche zu unterschiedlich. Jeder Abbruch ist eigentlich absolut einzigartig – es ist ja auch jeder Mensch einzigartig, denn jeder hat (außer bei eineiigen Zwillingen) eine einmalige Struktur der DNA – aber es soll zum gegenseitigen Verständnis beitragen, Einsichten bringen, Hilfe zur emotionellen Beruhigung anbieten und möglicherweise zu einem positiven Abschluss führen.

Sämtliche in diesem Buch beschriebenen Ereignisse sind authentisch und haben sich in der Realität genau so zugetragen, wie sie geschildert wurden; die Namen und Konstellationen wurde aber derart verfremdet, dass zur Wahrung der Anonymität keine Rückschlüsse auf die Identität der zitierten Personen gezogen werden können.

Roderich Fellner, im Frühjahr 2022

EINLEITUNG

Womit soll man beginnen, um zu erklären, dass etwas, was einmal selbstverständlich da war, nicht mehr existiert: „Die heile Familie"?

Die Eltern, oft selbst in einer heilen, bürgerlichen Familie in der Nachkriegszeit aufgewachsen, ermöglichten der nachfolgenden Generation eine zumeist sorgenlose Kindheit, wo es zwar aus heutiger Sicht an vielem mangelte, den Kindern aber eigentlich nichts abging. Man hatte zwar wenig, aber den Anderen ging es auch nicht besser und es konnte nur aufwärts gehen. In der Rückschau eine weitgehend sorgenfreie Kindheit.

Die bürgerliche Ordnung war vorgegeben und wurde auch nicht hinterfragt, man musste nur auf den elterlichen Rat hören, brav lernen und fleißig sein. Anfangs hatten wir alle nichts und uns wurde gesagt: „Wenn du fleißig bist, dann bringst du es zu etwas und es wird dir einmal besser gehen als uns". Eine ganz klare Ansage, und fast alle haben sich daran gehalten. Wie einfach für die Eltern – und – wie einfach für die Kinder!

Und es ging aufwärts; in seiner Einfachheit fast trivial !

Nach dem Krieg hatten wir alle nichts;
es konnte nur aufwärtsgehen!

Aber ganz so leicht war es auch wieder nicht. Die schulischen Leistungen mussten stimmen und wollte man einen akademischen Grad erreichen, eine erfolgreiche Firma gründen, „es zu etwas bringen", waren die Anforderungen hoch. Doch die meisten konnten einen Aufstieg erreichen, den man anfangs kaum zu erhoffen gewagt hatte. Und der Erfolg spornte uns an, noch mehr zu tun. Schließlich konnte man, auf das Erreichte zurückblickend, mehr oder weniger stolz und zufrieden sein.

Nachdem das Berufsziel erreicht war, kam die Partnerwahl, die Familiengründung und Kindererziehung; alles war wunderbar geregelt. Alles im Lot – so schien es.

Denn manche Eltern der Nachkriegsgeneration vergaßen im Höhersteigen der Karriereleiter und ihres Ansehens etwas ganz Wesentliches: den Kindern trotz der eigenen Angespanntheit zwischen Karriere, Hausbau, Firmenerweiterung und Übernahme öffentlicher Aufgaben, den unserem Innersten am nächsten Stehenden, unseren Kindern, jene Aufmerksamkeit und Zeit zu widmen, die ihnen vorrangig zusteht! – Unsere Eltern hatten „funktioniert", wir haben „funktioniert", also müsste es wohl bei unseren Kindern auch so sein.

WEIT GEFEHLT!

A URSACHEN DES FAMILIENABBRUCHES

1. DIE WELT HAT SICH VERÄNDERT.

Heutzutage ist vieles anders! Die Erziehung der Nachkriegsgeneration war autoritär geprägt. Die Maximen waren Fleiß, Selbstbeherrschung, Lernen und Disziplin (lateinisch: „Discipulus" = der Schüler). Und das Sprichwort galt: "Lehrjahre sind keine Herrenjahre".

Aber Achtung! Legt man diese an sich richtige Aussage zu streng aus, kann schon der Grundstein zu einer erzieherischen Fehlentwicklung gelegt werden. Betonen Eltern, dass sie die Macher sind und die Kinder nur jene sind, für die etwas gemacht wird, kann die harmonische Wechselbeziehung, die immer vorherrschen sollte, gestört werden. Besonders erwachsenen Kindern bedeutet es sehr viel, wenn sie als Gleichberechtigte behandelt werden.

Was in der Nachkriegszeit aus Gründen der ökonomischen Not gar nicht möglich war, nämlich aufzubegehren und gegen den Rat der Eltern zu agieren, kam einer Revolution gleich und einen Familiencrash zu inszenieren, war praktisch undenkbar. Natürlich waren auch wir manchmal Rotzbuben und aufmüpfige Gören – aber im Vergleich zu heute? Heute herrscht ein völlig anderer Zeitgeist mit dem sich Eltern und Lehrpersonen auseinandersetzen müssen. Und ich behaupte vorweg, dass die Erziehungsarbeit in der Familie und die Anforderungen an Lehrpersonen in der Grundschule, der Mittelschule, im Gymnasium und überhaupt im gesamten Bildungs- und Ausbildungsbereich wesentlich komplexer und fordernder sind als früher.

Sowohl für Kinder, als auch für Eltern und Lehrpersonen ist eine friktionsarme Erziehung und Ausbildung wesentlich komplizierter geworden. Kinder halten ein schwieriges Familienklima nicht mehr so gut aus wie in früheren Zeiten. Die Resilienz – die Fähigkeit, belastende Situationen zu verkraften – ist allgemein gesunken. Kinder ertragen schon mäßiggradige Störungen im Zusammenleben, wie sie ja in allen Familien irgendwann vorkommen, kaum und reagieren provozierend, überheblich und im schlimmsten Fall mit Hass; wie sie individuell reagieren, hängt von ihrer Charakterstruktur, ihrer Persönlichkeit, dem familiären Umfeld und vielen anderen Faktoren ab.

2. ALTE GESELLSCHAFTLICHE REGELN GELTEN NICHT MEHR; NEUE LEITBILDER GEWINNEN AN EINFLUSS.

Die Familie hat über weite Teile an Stellenwert verloren. Da auch die Religion in unserem Umfeld immer mehr an Bedeutung verloren hat, gilt auch das christliche Gebot „Du sollst Vater und Mutter ehren, auf dass du lange lebest und es dir wohlergehe auf Erden" nicht mehr. Auch die Verwandtschaft hat viel von ihrer ehemaligen Bedeutung, im Familienverband ausgleichend zu wirken, verloren. Geschwister können als Teil der Familie nicht neutral sein, sie sind ja Teil der Familie und wollen zumeist mit keinem Teil brechen und stehen von der Problematik überfordert zwischen den Fronten. Man lässt Geschwister am besten außen vor.

Vielfach versuchen sich Kinder Hilfe von Außenstehenden zu holen, seien es gleichgesinnte Freunde, Vereine, Sekten, Geheimbünde, Verschwörungstheoretiker, Freimaurer (die nur Gutes wünschen), Scientologen, Jugendgangs etc.) oder – leider eher zu selten – auch von dafür sachkundigen Personen wie Psychiatern und Psychologen. Allen unterstelle ich die besten Absichten und dass viele wirklich bemüht sind, nach positiven, versöhnlichen Lösungen zu suchen, aber vielen haftet der schwere Mangel an, dass sie in den meisten Fällen nur die eine Seite zu hören bekommen, nämlich nur die Argumente und Anschuldigungen der Abbrecher und nicht auch die Ansichten und Argumente der Eltern.

Der eherne Rechtsgrundsatz **„Audiatur et altera pars"** (man höre auch die andere Seite), ohne den eine korrekte Beurteilung oder Rechtsprechung nicht möglich ist, kommt nur in den seltensten Fällen zur Anwendung. Und manchen nichtprofessionellen „Beratern" aus dem Bekanntenkreis ist es vielleicht sogar ein diebisches Vergnügen, sich an der Zerrüttung zu erfreuen oder sogar Nutzen daraus zu ziehen, wenn sich z.B. ein Kind von der „gegnerischen Partnerfamilie" total vereinnahmen lässt. Darüber später Näheres.

Fakt ist, dass heutzutage beide Seiten – Kinder und Eltern – während des Heranwachsens und der Erziehung unglaublich viel ertragen müssen.

Die Familie, so stellte schon Johann Wolfgang von Goethe (1749 – 1832) fest, soll „den Kindern feste Wurzeln geben und Flügel zum Davonfliegen". Heute beeinflussen gleichaltrige Freunde oft wesentlich mehr die Persönlichkeitsbildung der Kinder, als die Eltern.

3. UNTERSCHIEDLICHE WAHRNEHMUNG UND WERTIGKEIT

Eltern und Kinder leben oft in unterschiedlichen Welten mit vollkommen unterschiedlicher Wahrnehmung und Beurteilung ein und derselben Situation. Dies gilt in vielen Belangen, und ich möchte zur Veranschaulichung eine mir berichtete Begebenheit herausgreifen, welche die Berufswahl betraf.

Der Vater war erfolgreicher Hals-Nasen-Ohren Facharzt mit bestens laufender Ordination, welche er nach seinen Plänen hatte errichten lassen. Dank seines Einsatzes erfreute sich die Arztpraxis großen Zuspruchs und daraus resultierte auch ein gutes Einkommen. Das Sozialprestige war hoch. Zusätzlich übernahm der Vater noch öffentliche Aufgaben, so auch die Präsidentschaft über seine Facharztgruppe und war als Gerichtsgutachter tätig. Er errichtete auch ein stattliches Privathaus für die Familie, es mangelte an nichts – bis auf die nötige Zeit, sich auch den Kindern mehr zu widmen. Oft kam er erschöpft nach Hause und für die Kinder blieb – wie so oft – nur wenig gemeinsame Zeit. Obwohl er sehr bemüht war, sich mit den Kindern zu befassen und vieles gemeinsam zu unternehmen, so zum Beispiel sportliche Betätigungen wie Schwimmen, Bergtouren, Surfen, Fernreisen in andere Kontinente, forderte doch der berufliche Einsatz und Erfolg seinen Preis.

Als der ältere Sohn Albert jenes Alter erreicht hatte, in dem an die Berufswahl zu denken war, meinte der Vater, dass es wohl naheliegend sei, dass der Sohn in seine Fußstapfen treten werde. Es war ja alles da, eine gut eingeführte Facharztordination mit allen Geräten, bestens eingeschultes Personal, großem Patientenklientel etc. Groß war der Schock, als der Sohn sagte: **„Ich werde nie Medizin studieren, ich will nicht so leben wie du, ich bin ja nicht blöd! – Ich will ja etwas haben vom Leben!"**

Da musste der in seinem Berufsleben voll aufgehende Vater erkennen, dass er ein leuchtend **negatives Beispiel** für den Sohn war, denn Albert sah vorrangig nur den Arbeitseinsatz des Vaters, wollte nicht so viel arbeiten und eher ein lustigeres, weniger anstrengendes Leben führen. Er kannte nicht die Worte von Rabindranath Tagore[3], bengalischer Dichter, Philosoph und Literaturnobelpreisträger:

„Ich schlief und träumte, das Leben sei Freude.
Ich erwachte und sah, das Leben war Pflicht.
Ich handelte und siehe, die Pflicht ist Freude"

Der Zeitgeist und die Lebenseinstellung haben sich geändert: „Life-Time-Balance" ist das neue Schlagwort! Nur mehr selten wird Beruf mit Berufung verknüpft und die Freude an der erbrachten Leistung hält sich heutzutage zunehmend in Grenzen.

Nicht mehr die Arbeit und deren Erfolg sind an erster Stelle, nicht Karriere und Leistungsbereitschaft, sondern ein „vergnüglicheres Leben" ist angesagt.

Erst nach einem langen, behutsam vom Vater geführten Gespräch, ließ sich Albert davon überzeugen, dass er sich in ein gemachtes Nest setzen könne, nichts mehr aufbauen müsse und auch die Verdienstmöglichkeiten recht günstig wären. Nach diesem einfühlsamen Gespräch erkannte Albert die Vorteile die sich ihm auftaten und meinte: „Gut, dann studiere ich halt Medizin." Anfangs betrieb Albert das Studium eher lustlos, später aber mit zunehmendem Einsatz – und mit dem Erfolg kam auch Freude auf.

Aber war es dem Sohn zu verdenken, dass er sich zunächst gegen ein Medizinstudium stellte, wenn er immer wieder sah, wie abgespannt der Vater abends nach durchgeführten Operationen und Behandlung von zig Patienten nach Hause kam? Wenn auch noch daheim in der Familie problematische Fälle eingehend besprochen wurden (die Mutter war ebenfalls Ärztin) und dadurch die Zeit für die Kinder noch knapper wurde? Ärzte sind monoman habe ich mir sagen lassen; sie reden auch noch in der Freizeit von ihrem Beruf.

Die heutige Generation will leben, nicht nur arbeiten und vieles dem Beruf unterstellen. Auch das kann dem Generationenkonflikt Vorschub leisten. Die Aufbauarbeit war von der Elterngeneration, welche nach dem Krieg aufwuchs, schon geleistet worden. Die nachfolgende Generation sieht keine Notwendigkeit, sich beruflich so einzusetzen, wie die Eltern es taten. Auch Marie-France Hirigoyen[4] meint in ihrem Buch „Die toxische Macht der Narzissten": „Die meisten Jugendlichen wollen nicht so viel wie ihre Eltern arbeiten, die sich bei der Arbeit verausgabt haben, ohne Anerkennung für ihren Einsatz zu erhalten".

Die „Baby-Boomer" der Nachkriegsgeneration, welche durch die Anstrengungen des Wiederaufbaus geprägt war, mussten hart arbeiten, um nach dem Zusammenbruch einen halbwegs erträglichen Lebensstandard zu erreichen; sie waren durch den Leistungsgedanken geprägt. Der heutigen Generation, der das Aufgebaute ganz selbstverständlich zur Verfügung steht, ist die Leistungsmotivation weniger immanent; es ist ja auch alles da.

Ein weiteres ähnlich gelagertes Beispiel unterschiedlicher Wahrnehmung und Beurteilung, auch aus dem ärztlichen Milieu:

Der Vater war Hautfacharzt in eigener Praxis und er setzte voraus, dass sein Sohn Bertram, der ebenfalls Medizin studiert und das Fach Dermatologie gewählt hatte, einmal seine Ordination übernehmen werde. Nach dem Studium und der Promotion bedarf es in Österreich zwingend einer mindestens sechsjährigen Facharztausbildung, um als niedergelassener Facharzt tätig sein zu dürfen. Die Ausbildungsstellen waren aber dünn gesät, sodass manche Ärzte nach der Promotion jahrelang warten mussten, um eine dieser begehrten Ausbildungsstellen zu ergattern. Für manche Anwärter dauerte die Wartezeit viele Jahre und nicht selten kam es vor, dass Facharztanwärter ihren Fachwunsch aufgeben und sich für ein anderes Fach entscheiden mussten, weil im Wunschfach für Jahre keine Ausbildungsstelle frei war. (Die Wartezeit für das Wunschfach Dermatologie war z.B. so lang, dass der Anwärter sich entschloss, statt dessen Zahnarzt zu werden). Im konkreten Fall kannte der Vater alle österreichischen Klinikchefs dieser Fachrichtung persönlich, und schließlich gelang es ihm, für seinen Sohn unmittelbar nach der Promotion eine Facharztausbildungsstelle zu organisieren, zwar nicht in der Heimatstadt, aber an einer Klinik eines anderen Bundeslandes.

Jedenfalls musste der Sohn Bertram nicht einen einzigen Monat auf eine Ausbildungsstelle warten. Der Vater war sehr glücklich, ja richtig stolz, dass er dies für seinen Sohn hatte erreichen können.
Jahrzehnte später, als sich das Verhältnis zwischen Vater und Sohn schon sehr eingetrübt hatte, warf Bertram seinem Vater vor, dass er sogleich nach der Promotion seine Ausbildungsstelle hatte antreten müssen und stellte anlässlich eines Streitgespräches sehr vorwurfsvoll, ja geradezu hasserfüllt fest: **„Nicht einmal einen Urlaub hast du mir gegönnt!"**

Der Hinweis des Vaters, dass, wenn man nicht sofort zugegriffen hätte, ein anderer diese Ausbildungsstelle bekommen hätte und der Sohn möglicherweise jahrelange Wartezeiten in Kauf nehmen hätte müssen, zählte nichts. Der Sohn beurteilte alle Bemühungen des Vaters schon damals aus seiner sehr negativen Warte. Ein kurzfristiges Urlaubsvergnügen wäre ihm wichtiger gewesen und wurde höher bewertet, als das Risiko langer Wartezeiten auf eine Ausbildungsstelle.

Man sieht, wie **unterschiedlich die Wahrnehmungen und Beurteilungen** ein und derselben Situation sein können! Auf der einen Seite die heftigen Bemühungen des Vaters, dem Sohn beruflich zu helfen, auf der anderen Seite die absurde Meinung, der Vater hätte ihm keinen

Urlaub gönnen wollen. Hinzu kam noch, dass der Sohn vom befreundeten Klinikchef während der Zeit der Ausbildung in der fremden Stadt sogar eine Wohnung zur Verfügung gestellt bekam. Aber das alles wurde vom Sohn nicht geschätzt, sondern nur negativ gesehen.

In den Berichten der Abbrecher war auffällig, wie sehr sie von der Richtigkeit ihrer Ansichten und Entscheidungen überzeugt waren: die Eltern liegen mit ihrer Meinung falsch, wurden oft als böse eingestuft, weil sie anderer Meinung waren und das forderte geradezu eine Strafe heraus.

Bei unterschiedlichen Ansichten von Kindern und Eltern begehen letztere manchmal den Fehler, Gespräche und Diskussionen nicht auf gleicher Ebene zu führen. Dadurch können Kränkungen, subjektiv empfundene vermeintliche Entwertungen und das unangenehme Gefühl von Bevormundung entstehen, was ein gedeihliches Gesprächsklima zerstört. Es ist nun aber einmal so, dass Eltern (die Älteren) mehr Lebenserfahrung haben, als Kinder. Eltern haben naturgemäß mehr Wissen und so wird das Kind immer wieder das Gefühl haben, belehrt zu werden. Aber eben das ist die Aufgabe von Eltern, Schulen, Universitäten, Handwerksstätten, Lehrstellen etc. zu lehren! Mein Vater pflegte immer zu sagen: „Lehrjahre sind keine Herrenjahre", eine unangenehme Botschaft für mich, mit einer vollkommen richtigen Kernaussage (aber gerne gehört habe ich sie auch nicht).

Es wird sich im Laufe der Erziehung wohl nicht vermeiden lassen, dass Lernende immer wieder das Gefühl haben, einer gewissen Kontrolle unterworfen zu sein und Eltern sind gut beraten, Kritik nie verletzend, sondern feinsinnig zu formulieren (das ist nicht immer leicht), aber sehr lohnend für das Klima in der Familie und auch in Schulen, Lehrstellen etc.

Die Psychologin Claudia Haarmann[5] , zitiert in ihrem Buch „Kontaktabbruch in Familien" über die unterschiedliche Wahrnehmung die Aussage einer Mutter: „Ich habe doch mein Bestes getan!", während die Tochter urteilt: „Ich habe nicht bekommen, was für mich das Beste gewesen wäre!"

Auch in der Selbstbeurteilung der Kinder über ihr eigenes Verhalten, gibt es unterschiedliche Sichtweisen zwischen Kindern und Eltern. Der Sohn sagte ziemlich selbstbewusst zu den Eltern: „Ich rauche nicht, ich trinke nicht, ich nehme kein Rauschgift, was wollt ihr (Eltern) denn noch?" Und die Eltern meinten: „Das ist doch wohl selbstverständlich". Und der Sohn erklärte weiter: „Und ich lerne doch auch brav". Und die Eltern erwiderten: „Das freut uns auch sehr! Das tust du in erster Linie für dich und es wird dir auch zugutekommen".

4. SCHULISCHE BILDUNG UND ERZIEHUNG

Die Rechte der Schüler wurden in neuer Zeit in ungeahntem Umfang ausgeweitet. Die Schüler kennen ihre Befugnisse sehr genau. Wann und wie oft und in welchem Abstand dürfen Schularbeiten stattfinden; wann darf eine Prüfung durchgeführt werden und zu welcher Tageszeit (z.B. nicht früh morgens in der ersten Schulstunde, nicht mehrere Schularbeiten innerhalb eines gewissen zeitlichen Abstandes, nicht unangekündigt etc.). Das war früher ganz anders.

Nicht vergessen werden darf, dass die Arbeit der Lehrenden gegenüber der Zeit vor 30 Jahren ungleich schwerer wurde. Einhelliges Urteil von vielen Lehrpersonen: Früher waren wir Respektspersonen, heute nicht mehr! Früher waren über 90% der Schüler diszipliniert; Rabauken, die störten, eher die Ausnahme; heute ist es umgekehrt. Einige wenige Flegel können das Klima in einer Schulklasse erheblich stören. Die zahlreichen Kinder mit mangelnden Sprachkenntnissen aus anderen Kulturkreisen und völlig anderen Wertvorstellungen erschweren den Unterricht zusätzlich.

Heutzutage werden Lehrpersonen in der Dreieckskonstellation Schüler-Eltern-Direktion oft geradezu aufgerieben, sodass sie letztlich resignieren und zum Nachteil der Schüler nur mehr Dienst nach Vorschrift machen und echten schulischen bzw. disziplinären Problemen aus dem Weg gehen. Den Lehrenden stehen auch kaum Disziplinierungs- oder Sanktionsmaßnahmen zur Verfügung. Zu meiner Zeit als Gymnasiast gab es für ungebührliches Verhalten noch „Schulhaft" (das bedeutete Nachsitzen in der Klasse) und in schwereren Fällen von Insubordination den länger dauernden „Karzer" (lat.: carcer = Kerker!). Auch Strafaufgaben waren erlaubt. Ein Gymnasiallehrer sagte zu mir, als er mein dreckiges Fahrrad sah: „Morgen ist das Rad geputzt", und natürlich war es am nächsten Tag auf Hochglanz poliert. Das war damals ganz normal, heute wäre das aber extrem übergriffig. Dem Lehrpersonal wurde die Autorität weitgehend entzogen.

Heute wird den Kindern manchmal unter Nachsicht aller Taxen (nicht nur coronabedingt) der Aufstieg in eine höhere Klasse ermöglicht, um sich Probleme zu ersparen. Damit wird ein falsches Signal gesetzt: Man könne – eventuell durch Wegdiskutieren – ein Ziel erreichen, ohne eine entsprechende Leistung erbringen zu müssen. Im späteren Leben kann ein Leistungsmangel mit dem Arbeitgeber nicht wegdiskutiert werden. Wenn die Leistung nicht stimmt, wird man entlassen; wenn die Benotung in den Zeugnissen nicht stimmt, wird man erst gar nicht ins Dienstverhältnis aufgenommen. Dann erst rächen sich die Versäumnisse, welche in der Erziehung und Ausbildung begangen worden sind. Soweit vorausschauend denken zwar die Eltern, aber nur selten die Schüler. Lauheit und Konfliktvermeidung von Eltern und Lehrpersonen geht aber letztlich auf Kosten der Kinder. Wenn das Elternhaus den Druck erhöht, wird vielleicht auch dadurch schon ein Grundstein für eine tiefgreifende Entzweiung zwischen Eltern und Kindern gelegt, die später bis zum Kontaktabbruch führen kann.

5. MEDIENLANDSCHAFT

Zunehmend katastrophal ist die Überfrachtung der kindlichen Psyche durch die Medien, das Internet, das Fernsehen, das Handy etc., welche oft Dinge vorgaukeln, die mit der harten Realität nichts zu tun haben. Und nach stundenlangem Konsum dieser flirrenden, glitzernden Scheinwelt sollen die Kinder ruhig sitzend konzentriert lernen. Sprechen sie mit Lehrkräften, sie können ihnen die irritierenden Situationen, die daraus entstehen, eindringlich schildern. Die Kinder leben zunehmend in einer von den elektronischen Medien dominierten Welt und verlieren den Bezug zum echten Leben. Der Fernseher ersetzt die Eltern, den Babysitter, den realen Menschen.

Eine Lehrerin in einer Grundschule (österr.: Volksschule) wollte mit den Kindern ein Würfelspiel machen und musste feststellen, dass die Kinder keinen Würfel kannten.

Das zeigt auf, dass im Elternhaus niemals ein gemeinsames Spiel stattgefunden hatte, zu dem man einen Würfel benötigt. Aber gerade diese scheinbar banalen, stressfreien kommunikativen Situationen festigen die Eltern-Kind-Beziehung und lehren auch Konfliktbewältigung.

Als ich vor mehr als 40 Jahren während eines Studienaufenthaltes in den USA krankheitshalber das Bett hüten musste, war meine einzige Ablenkung das Fernsehen. Immer wieder musste ich den Fernseher abschalten, denn ich hielt es einfach nicht aus, dass in der Werbung fünf verschiedene Bilder pro Sekunde über den Bildschirm flackerten. Die Buchstaben eines Inserts erschienen nicht einfach auf dem Bildschirm, sondern rotierten aus allen Richtungen kommend mit Doppelsalti, flackernd, blinkend, die Farbe ständig wechselnd über den Bildschirm, untermalt mit einem akustischen Stakkato, das mir nach kurzer Zeit unerträglich war. Übrigens kann man mit Flackerlicht epileptische Anfälle auslösen. Diese hirnverblödende Bildschirmverschmutzung ist jetzt auch bei uns Standard.

Handy-Sucht ist nicht viel anders als Fernseh-Sucht, und manche Psychologen ziehen sogar Vergleiche mit Alkoholsucht und Drogenabhängigkeit. Wenn sich Eltern den Kindern zu wenig zuwenden, kann dadurch bei Kindern eine Leere entstehen, welche die Kinder als Kontaktersatz mit stundenlangem Fernsehen oder Handy-Spielen ausfüllen; und das hat durchaus Suchtpotential.

6. LEISTUNGSDRUCK

Kinder wie Eltern haben es heutzutage durch den gestiegenen Leistungsdruck von Anfang an schwerer. Schüler leiden durch die Reizüberflutung und Hektik unserer Zeit zunehmend an Konzentrationsschwäche. Nicht zuletzt wegen des erhöhten Leistungsdruckes und der „geistigen Umweltverschmutzung" durch die Medien, diagnostizieren Ärzte und Psychologen immer häufiger ADHS, das Aufmerksamkeitsdefizit-Hyperaktivitätssyndrom mit allen negativen Auswirkungen auf die jetzt heranwachsende Generation. Oft müssen Psychopharmaka (z.B. Ritalin) schon bei 7jährigen Kindern eingesetzt werden, damit diese in der Lage sind, ruhig sitzend dem Unterricht zu folgen, damit das Spannungsverhältnis zwischen Kindern, Eltern und Lehrpersonen erträglicher wird und ein geordneter Unterrichtsablauf ermöglicht wird.

Um den schulischen Leistungsdruck zu reduzieren, wurden nicht die Lehrpläne entrümpelt, sondern „Schulversuche" gestartet und neue Lehrinhalte entriert, die niemand braucht und von denen man nach einer Weile auch nichts mehr hörte. Sagt ihnen der Begriff „Mengenlehre" oder „Kurvendiskussion" noch etwas? Benötigen Ärzte noch Kenntnisse der lateinischen oder griechischen Sprache? Ich sage provokativ nein, auch wenn ich mir den Unmut der älteren Generation zuziehen werde. Die meisten Ärzte haben nie Griechisch gelernt und etwa die Hälfte der medizinischen Fachausdrücke kommen aus dem Griechischen; und ich behaupte, die fehlenden Kenntnisse der griechischen Sprache sind den Medizinern nie abgegangen. Und im Lateinunterricht lernt man zwar was „den Speer werfen" und das „Bollwerk angreifen" auf Lateinisch heißt, aber nicht wie der lateinische Ausdruck für Milzentzündung, Lebervergrößerung oder Hüftgelenk lautet. Und wieviel wertvolle Unterrichtszeit wird heute noch immer durch nicht mehr zeitgemäßen Lehr- und Lernaufwand vergeudet.

Kein gutes Zeugnis stellt der bekannte Philosoph Professor Konrad Paul Liessmann[6] , der Methoden der Vermittlung von Philosophie und Ethik an der Universität Wien lehrt, der österreichischen Bildungspolitik aus, indem er in einem Essay ganz aktuell über Schulschließungen anlässlich des Corona-Lockdowns beklagt: „dass die Bildungsverluste, die in den Jahren vor Corona durch unsinnige Lehrplanreformen, didaktische Moden, unnötige Testinflationen, hysterischen Pisa-Aktionismus und überbordende Kontrollsysteme zu verzeichnen waren, so wenig bekümmerten wie der kontinuierliche Anstieg an funktionalen Analphabeten".

Lernen hat mit Leistung zu tun! Und in manchem Elternhaus wird damit ein tiefgreifender Zwist gesät und eine spätere Entzweiung eingeleitet. Die wiederholten Aufforderungen der Eltern, sich schulisch mehr anzustrengen, führen bei den Lernenden zu unlustbetontem

Leistungsdruck und können die sonst gute Stimmung im Elternhaus nachhaltig untergraben. Der erhöhte und ständig steigende Leistungsdruck trifft Kinder und Eltern gleichermaßen. Die Leistungsanforderungen und die zunehmende Hektik belasten beide Teile. Notwendigerweise müssen sich beide mit der Digitalisierung auseinandersetzen, einem Bereich, der insbesondere für ältere Eltern vollkommenes Neuland ist, ohne den in der heutigen Zeit aber nichts mehr geht.

Die Leistungsdichte, die Rationalisierung der Arbeitsabläufe, die „Verbürokratisierung" und die insgesamt veränderte Berufswelt führen zu zunehmendem Stress, „macht eng und verschließt die Seele; eine verschlossene Seele verhindert Kontakt – und an dessen Stelle tritt Einsamkeit", (Haarmann Claudia[7]). Es bleibt vielfach zu wenig Zeit für das gemeinsame Familienleben; und wenn es nur banale Dinge sind, die man gemeinsam durchführt. Die gemeinsam verbrachten Stunden sind der Kitt für eine entspannte Familienatmosphäre. Aber es ist für Eltern einfacher, die Kinder vor den Fernseher zu setzen oder sie computerspielen oder auf dem Handy herumtippen zu lassen. Die Gemeinschaftserlebnisse – die menschliche Wärme – kommen zu kurz. Oft wird in der knapp bemessenen gemeinsamen Zeit zu noch mehr Leistung angespornt, anstatt einen gemeinsamen Waldspaziergang oder Badeausflug zu unternehmen.

Die direkte Kommunikation in der Familie und auch die persönlichen Gespräche im Freundeskreis kommen zu kurz, umso mehr wird elektronisch kommuniziert, trotz beträchtlich negativer gesundheitlicher Folgen.

Man kann es fast als Seuche bezeichnen: Überall starren die Kinder (und auch Erwachsene) auf ihr Handy, ob in der Straßenbahn, auf der Parkbank oder sonst wo im Freundeskreis. Es kommt oft vor, dass einige Kinder beisammensitzen ohne ein Wort miteinander zu reden;

jedes tippt nur auf seinem Handy herum. Die zwischenmenschliche Kommunikation ist auf ein Minimum reduziert und verkümmert. Die Kinder sprechen nicht mehr miteinander, sondern schicken sich nebeneinander sitzend SMS-Nachrichten. Selbststress bis zum geht nicht mehr. Auch das führt zu einer Verminderung der Resilienz, auch das kann ein kleiner Schritt zum Hauptthema dieses Buches sein, zum Familien-Crash.

Und so nebenbei führt die intensive Benützung des Handys aufgrund anatomisch-physiologischer Auswirkungen zu beträchtlichen negativen Folgen, nämlich zur Kurzsichtigkeit (Myopie). Durch das Starren auf das viel zu nahe gehaltene Handy-Display werden die Kinder immer kurzsichtiger. In manchen Ländern, so z.B. in Japan, sind bereits über 90% der Kinder kurzsichtig, in Seoul, der Hauptstadt Südkoreas, sind 97 % der 19-Jährigen kurzsichtig. Auch bei uns nimmt die Myopie in erschreckendem Ausmaß zu. Besonders Kinder, deren Augapfel ja noch wächst, sind gefährdet.

Wissenschaftlichen Untersuchungen zufolge stieg bei 8-Jährigen in Deutschland die Kurzsichtigkeit bereits auf 37,2 %. Und die Myopie nimmt unbehandelt in den folgenden Lebensjahren weiter zu. Nicht nur im Berufsleben, sondern bereits in den Schulen wird durch die Bildschirmtätigkeit die Kurzsichtigkeit immer mehr gefördert.

7. ERZIEHUNG: ELTERN MACHEN FEHLER, KINDER ABER AUCH!

Erziehung! Welch unerschöpflicher, lebensumspannender Themenkomplex! „Kaum eine Erziehungsmaßnahme, welche nicht traumatisierende Folgen hätte" schreibt Prof. Reinhard Haller in seinem Buch „Die Narzissmusfalle"[8] . Dazu möchte ich festhalten:

***Als Eltern werden wir nicht geboren,
wir müssen erst lernen, Eltern zu sein.***

Und Johann Wolfgang v. Goethe hat dazu ausgeführt: „Man könnt´ erzogene Kinder gebären, wenn die Eltern erzogen wären"

Es ist ganz selbstverständlich, dass wir, um einen Beruf ausüben zu können, etwas lernen müssen. Um Fliegen oder Autofahren zu dürfen, benötigen wir einen Pilotenschein oder Führerschein. Um einen Beruf ausüben zu können, müssen wir zuerst eine entsprechende Ausbildung absolvieren. Zur Kindererziehung bedarf es anscheinend gar keiner Ausbildung, das können wir einfach – so meinen wir – daher geht so manches schief. Beide Teile – Eltern und Kinder – sollten das vor Augen haben und miteinander nachsichtiger sein.

Niemand macht alles richtig.

Eltern und Kinder haben die Wahl: Sie können gegenseitig nach den positiven Eigenschaften und Fähigkeiten suchen, oder nach deren Fehler und Irrtümern, je nachdem ob sie lieber wertschätzen oder kritisieren.

Auch die Eltern sind das Produkt ihrer eigenen Erziehung, die vom damaligen Zeitgeist, dem jeweiligen Wertekanon und der Familiengeschichte geprägt wurden. Wir alle sind nur ein Glied in der jahrtausendealten Kette unserer Vorfahren. Und nicht selten geben Eltern falsche Ratschläge.

Mir wurde z.B. ein Fall berichtet, wo der Sohn in der Schule Opfer von Mobbing und Hänseleien war und davon zu Hause berichtete. Der Vater meinte, der Sohn solle keinesfalls raufen, sich nicht wehren, da werden schon die Lehrpersonen eingreifen und für Gerechtigkeit sorgen, die Sache wird schon vorbeigehen. Das war aber nicht der Fall; obwohl die Übergriffe sogar Thema eines Sprechtages waren, änderte sich nichts. Bis es dem Sohn zu viel wurde, er seine friedliche Haltung aufgab und jeden Aggressor niederschlug (er war sportlich und körperlich den anderen deutlich überlegen). Binnen weniger Tage hörten jedes Mobbing und alle Angriffe auf.

Der Rat des Vaters, sich nicht zu wehren, um nicht als Raufbold zu gelten, war falsch und in dieser Situation einfach nicht opportun. Eltern machen nicht alles richtig, alle Eltern machen auch Fehler, doch das positive Bemühen, diese Fehler zu korrigieren, zählt mehr als die Negativität der Fehler.

Die Grundpfeiler der Erziehung sind Liebe, seelische Wärme, Akzeptanz, Anwesenheit, Zuwendung, körperliche Berührung, Aufmerksamkeit, Verständnis, Lob, Wertschätzung und viel Zeit. Schon aufmerksames Zuhören festigt das Band zwischen Eltern und Kind.

Manchmal meinen Eltern, dass sie möglichst effizient erziehen sollen; dies vor allem dann, wenn sie beruflich sehr gefordert sind. Die Hektik haben sie vielleicht von ihren eigenen Eltern kennen gelernt und gehen so auch bei ihren Kindern vor. Diese Vorgangsweise scheint stressreiches Arbeitsleben und Erziehung gut vereinbar zu machen, aber zu welchem Preis? Wenn Sie sich Ihrem Kind nicht ausreichend widmen, wenn es sich vernachlässigt fühlt, wird es später als Erwachsener nicht so zugetan sein, wie es Eltern sich wünschen, und vielleicht ist sogar die gemeinsame Gesprächsbasis verloren gegangen.

Jeder Mensch braucht zuhörende Gesprächspartner,
*** die nicht alles sofort bewerten.***

Der Erziehungsstil sollte weder zu streng noch zu lasch im Sinne von zu großer Permissivität sein; er sollte ab einem gewissen Alter der Heranwachsenden „kollegial" oder „kooperativ" sein. Sicherlich eine schwierige Gratwanderung, denn Sie müssen auch Grenzen setzen. Damit entsteht auch die Gefahr, zu sehr zu disziplinieren.

Setzen sie zu wenig Grenzen, so geben Sie zu wenig Orientierungshilfen, was sich im späteren Leben schädlicher auswirken kann, als notwendige, klare und oft auch strenge Richtlinien zu geben.

Die kooperative Erziehungsmethode versucht, dort wo es möglich ist, gemeinsam Lösungen zu suchen und zu finden. Bei dieser Methode kann der Heranwachsende sowohl Flexibilität und Problemlösungskompetenz als auch Einfühlungsvermögen (Empathie) und Frustrationstoleranz (Resilienz) entwickeln.

Machen Sie keine leeren Drohungen, denn sobald Ihr Kind merkt, dass Sie es eigentlich nicht ernst meinen, sind diese wirkungslos. Kinder befolgen weniger das, was die Eltern sagen, sie tun vielmehr, was die Eltern vorleben.

Nicht nur die Eltern erziehen, auch Gleichaltrige, Freunde, Lehrer, die Gesellschaft, das Fernsehen und der allgemeine Zeitgeist. Kinder suchen sich lieber freche Freunde, als angepasste sogenannte „Brave". Viel interessanter sind aufmüpfige „Rebellen", die sich etwas trauen, die aber von den Eltern abgelehnt werden. Bewundert werden Rambo-Typen, mutige Outlaws, nicht farblose, fügsame Typen. Und wenn diese von den Eltern kritisiert werden, kann eine Kluft zwischen Eltern und Kindern noch größer werden.

Für Eltern ist es nicht leicht, die schwierige, verantwortungsvolle Erziehungsarbeit zu erlernen. Es scheint, niemals war es so schwer zu erziehen und niemals war es so schwer, erzogen zu werden, wie heutzutage. Dabei ist die Problematik und die Zwiespältigkeit der Erziehung schon seit Jahrtausenden aktuell, wie Plato, antiker griechischer Philosoph und Schriftsteller (428 – 348 v. Chr.) vor mehr als zweitausend Jahren beschreibt:

Wenn Väter ihre Kinder gewähren lassen und sich vor ihnen geradezu fürchten, wenn Söhne ohne Erfahrung handeln wollen wie die Väter, sich nichts sagen lassen, um selbstständig zu erscheinen, wenn Lehrer, statt ihre Schüler mit sicherer Hand auf den richtigen Weg zu führen, sich vor ihnen fürchten und staunen, dass ihre Schüler sie verachten, wenn sie die Unerfahrenen den älteren Erfahrenen gleichstellen und in Wort und Tat gegen sie auftreten, die Alten sich aber unter die Jungen setzen und versuchen, sich ihnen gefällig zu machen, indem sie Ungehörigkeiten übersehen oder gar daran teilnehmen, damit sie nicht als vergreist oder autoritätsgierig erscheinen, wenn auf diese Weise verführte Jugend aufsässig wird, sofern man ihr auch nur den mindesten Zwang auferlegen will, weil niemand sie lehrte, die Gesetze zu achten, ohne die keine Gemeinschaft leben kann……….dann ist Vorsicht geboten:
Dieser Weg führt direkt in die Tyrannei!

Es ist für Eltern und Kinder ein überaus schwieriges Unterfangen, zu erziehen und sich erziehen zu lassen.

Anfänglich sind die Rollen klar verteilt. Auf der einen Seite das hilflose, kleine Kind, auf der anderen Seite die dominierenden Eltern. Das Verhältnis ist eindeutig klar und daher friktionsfrei. Doch das ändert sich mit dem Heranwachsen. Das Kind entdeckt seine eigene Persönlichkeit und beginnt, Autoritäten zu hinterfragen. Die Eltern werden zu Testobjekten:
Das Kind lotet aus: **„Wie weit kann ich gehen?"**

Niemanden können Kinder so gefahrlos provozieren, wie die eigenen Eltern; deren Tür steht zur Versöhnung immer offen.

Bei niemand Anderem dürfen sich Kinder (auch erwachsene Kinder) so viel herausnehmen, wie in der eigenen Familie. Fremde würden sich von derartigen Aggressoren abwenden und die Provokateure einfach stehen lassen. Eltern können und wollen das nicht. Auch nach den größten Exzessen werden sie normalerweise immer noch das Beste wollen, versöhnend agieren und an die Zukunft ihrer Kinder denken.

Haben wir es nicht auch so gehalten? Väter und Mütter dienten als Reibebäume, an denen man seinen Widerspruchsgeist ausprobieren konnte, ohne ernste Sanktionen befürchten zu müssen. Keinem Fremden gegenüber hätten wir uns auch nur einen Bruchteil dessen erlaubt, was wir unseren Eltern zumuteten. Immer hielten sie die Türe für ein versöhnendes Gespräch offen; aber von beiden Seiten sollte der nötige Respekt entgegengebracht werden. Das ist eine hohe Kunst, der nicht alle gerecht werden können.

Manchmal gehen Kinder sehr weit, zu weit, und hören nicht auf zu provozieren. Sie wollen die Grenzen des Provozierens voll ausreizen; sie wollen bis zum Äußersten gehen und eine aufregende, vielleicht sogar lustbetonte Erfahrung machen: „Wann explodiert die Mutter, wann kommt dem Vater sogar die Hand aus?" Dann hätte der Provokateur gewonnen; die Eltern wären die Schuldigen. Und wirklich Böses tun einem die Eltern ja sicher nie an.

Wenn sich Eltern trotz jahrelanger, immer wiederkehrender heftiger Aggression zwar beherrschen können, aber schlussendlich keine andere „friedliche" Lösung sehen, als die Polizei um Hilfe zu rufen, um einem extrem üblen Treiben ein Ende zu setzen (kommt öfter vor, als man glaubt), dann hat der Aggressor sogar ein Alibi, erst recht zu hassen! Dass dieser aber ausschließlich selbst die Ursache war und diese Reaktion mutwillig herausgefordert hat, will er nicht einsehen.

Mir wurde eine derartige Situation geschildert, wo unter Verdrehung der Tatsachen versucht wurde, den sich wehrenden Elternteil zum Aggressor zu erklären, anstatt einzusehen, dass das Kind den Eklat verursacht hatte, indem es die Aggressionen, Schreiattacken, Verbalinjurien aus der tiefsten Lade und die bösartigen Exzesse bewusst auf die Spitze getrieben hatte (siehe „Maligner Narzissmus", Kapitel 20).

Anderseits: „Erlebte das Kind zu wenige Grenzen und Auseinandersetzungen, lebt es später nach dem Muster einer ausgeprägten Anspruchshaltung" (n. Jörg Eikmann[2], S. 50). Bekommt der Erwachsene nicht das, was er wünscht, gerät er rasch in Wut. Einschränkungen fördert nicht die Einsicht, dass alles im Leben begrenzt ist, sondern werden als Lieblosigkeit und Provokation empfunden und werden wütend beantwortet.

Kinder, denen man alles geboten hat, kommen zur Erkenntnis, dass Eltern alles zu geben haben und umgekehrt nichts erwarten dürfen.

Eltern und Kinder sollten trotz unterschiedlicher Meinungen und Missverständnissen, stets aufmerksam an der Stabilisierung ihrer Beziehung arbeiten, Probleme aussprechen und immer signalisieren, dass die Hand zur Versöhnung ausgestreckt bleibt. In manchen Fällen hilft dies, einen Familienabbruch zu vermeiden, in manchen eben nicht. Da die jugendlichen Erwachsenen mit noch nicht sehr ausgeprägter Empathie, geringer Toleranzbreite und ungeübt in ihrer Auseinandersetzungsfähigkeit sind, neigen sie zu extremen Schwarz-Weiss-Entscheidungen, beharren auf einmal gefassten Meinungen und meinen, eine Annäherung komme schon einer Kapitulation gleich.

Die Eltern, insbesondere der gleichgeschlechtliche Part, werden zunehmend hinterfragt und demontiert. Fehler, die Eltern machen, werden besonders schwer gewichtet. Schließlich will das Kind die Eltern überflügeln und über sie hinauswachsen. Das scheint leichter zu gelingen, wenn man sich an den Fehlern der Eltern festhält. Man fühlt sich größer, wenn man andere klein macht; diese in allen Lebensbereichen immer wieder vorzufindende Geisteshaltung trifft man besonders in der Vater-Sohn- und Mutter-Tochter-Beziehung. Man bewundert die Eltern zwar, aber man will alles besser machen.

8. DIADOCHENKOMPLEX

Die Nachkommen wollen die Eltern überflügeln: ich nenne das *„Diadochenkomplex"* (hergeleitet vom griechischen „diadochoi" = Nachfolger, Übernehmender). Dies ist keinesfalls nur negativ zu sehen, sondern in der Strategie der Genesis systemimmanent. Der Drang, andere überflügeln zu wollen, ist normal.

> Christian zu seinem Vater:
> **„Ich werde alles besser machen als du".**

Der Fortschritt in die Moderne scheint dem Heranwachsenden recht zu geben. Den Eltern wird zunehmend Kompetenz abgesprochen. „Das verstehst du nicht, das ist jetzt alles anders. Deine Ansichten sind von gestern". Und die Eltern verstehen wirklich viel weniger von der uns allseits umgebenden Elektronik, vom Internet und von der Digitalisierung. Die Idealvorstellungen der Söhne (gilt natürlich wie immer auch für Töchter) decken sich nicht mehr mit denen der Eltern. Diese werden nicht mehr als Leitfiguren, sondern manchmal sogar als Konkurrenten gesehen, und oft wird schon aus Prinzip von den Nachkommen immer ein gegenteiliger Standpunkt eingenommen; das trifft zuweilen auch bei der Berufswahl und Partnerwahl zu.

Ein ganz großer Fehler der Eltern in der Erziehung ist, **zu wenig zu loben**! Machen die Kinder etwas gut, wird das oft als etwas Selbstverständliches angesehen, das keines besonderen Lobes bedarf. Macht das Kind etwas schlecht, wird es getadelt. Die Balance zwischen Lob und Tadel bleibt nicht im Lot. Die Kinder erhalten zu wenig positives Echo. Dabei ist bei manchen Kindern, insbesondere bei sehr egozentrischer (narzisstischer), auf sich selbst bezogener Ausprägung, Lob geradezu das Lebenselixier einer guten Eltern-Kind-Beziehung. Lob ist nichts anderes als verbal ausgedrückte Wertschätzung. Ich verweise hier auf das großartige Buch „Das Wunder der Wertschätzung" von Prof. Reinhard Haller[9], Psychiater und Psychotherapeut, das den Untertitel trägt „Wie wir andere stark machen und dabei selbst stärker werden." Wertschätzung beruht auf Anerkennung und Respekt.

Während die Vitalität der Eltern abnimmt, nimmt die der Kinder zu. Die Eltern werden kritisch hinterfragt, ihre Fehler wiegen besonders schwer und führen zu weiterer Demontage. Elterliche Fehler werden oft lüstern beobachtet und mit besonderer Süffisanz goutiert. Denn damit kann man deren Autorität besonders gut untergraben, während man sich selbst zu erhöhen glaubt. Wenn man sieht, dass Eltern auch Fehler machen, wiegen die eigenen nicht so schwer und das Selbstwertgefühl wird erhöht. Diese Demontage der Eltern ist bis zu einem gewissen Grad völlig normal und gehört auch zur Persönlichkeitsentwicklung der Kinder.

Die Eltern müssen herunter vom Sockel!

Überschreitet die Herabwürdigung jedoch ein erträgliches Maß, kann sie als bösartig empfunden werden. An diesem Punkt wird eine

Weichenstellung erreicht, die entscheidend für das spätere Verhältnis zwischen Vater und Sohn, Mutter und Tochter ist. Verhärten sich hier die Fronten und weicht keiner einen Schritt zurück, so werden zu diesem Zeitpunkt die Voraussetzungen für einen Familien-Crash endgültig gestellt. Werden Unstimmigkeiten und Konflikte nicht aufgeklärt und damit entschärft, können daraus schwelende Wunden entstehen, die letztlich zu Feindschaft führen. Wenn sich einmal ein gewisses Bild vom Gegenüber in uns festgesetzt hat, nehmen wir nur noch das wahr, was zu unserer fixen Meinung passt.

Eltern müssen aber Grenzen setzen, auch wenn daraus Konflikte entstehen, die – wenn ungelöst – zu Entfremdung, ja sogar zu Hass führen können. Erziehung war zu allen Zeiten ein mühsamer Prozess, an dem Erziehende und Heranwachsende gleichermaßen zu leiden haben.

> *Dabei geht es der Jugend in der westlichen, wohlstandsverwöhnten Welt so gut wie nie zuvor in der Menschheitsgeschichte.*

Besonders schwierig ist die Erziehung bei narzisstischen Kindern. So lange man ihnen alles bietet, was sie möchten, geht es gut. Das finden sie ganz normal, das steht ihnen zu. Wehe, es geht nicht nach ihren Wünschen und man setzt ihnen Grenzen, die eben einmal gesetzt werden müssen! Das wird von den Egozentrikern manchmal lebenslang nachgetragen. Kinder urteilen und verurteilen oft, ohne sich in die Rolle der Eltern hineinfühlen zu können. Und ihr Urteil ist allein richtig und – unbeeinflusst von Selbstreflexion und Lebenserfahrung – absolut gültig. Auf den Narzissmus werde ich später noch näher eingehen. (Siehe Kapitel 19)

Die gewaltigen und mannigfachen Aufgaben der Kindererziehung, des „In das Leben Hineinhelfens", werden nur dann bewältigt werden können, wenn eine sehr tiefe Liebe vorhanden ist; sie ist die unabdingbare Voraussetzung für das Gelingen dieser Lebensaufgabe.

9. „BRUTPFLEGE"

Wenn wir uns Beispiele aus dem Tierreich vor Augen führen, ist zu erkennen, wie aufwändig die Brutpflege sein muss, um die Nachkommenschaft davonzubringen; es braucht Pflege und Verteidigungsstrategien, die manchmal bis zur Selbstaufopferung der elterlichen Generation gehen. Beispiele hierfür sind in der Natur auf Schritt und Tritt zu finden. Das muss so sein, sonst stirbt die Gattung aus. Beim Menschen ist es nicht anders, nur dass beim Homo sapiens die „Brutpflege" am längsten von allen Lebewesen dauert und sich fast ausschließlich auf der geistig-intellektuellen Ebene abspielt. Nach der „Aufzucht der Nachkommen" hat die ältere Generation ihre biologische Aufgabe erfüllt und wird überflüssig.

Während die gegenseitige Liebe zwischen Eltern und kleinen Kindern – sehr vereinfachend gesagt – von gleicher Intensität ist, beginnt mit zunehmendem Alter der Kinder ein physiologischer Ablösungsprozess, der es dem Nachwuchs ermöglicht, später eigene Wege zu gehen. Nesthocker werden zu Nestflüchtern; das ist von der Natur aus so vorgesehen und gut so. Die zunehmende Distanz stärkt die Kinder, während es die Eltern eher mit einer gewissen Wehmut erfüllt. Erwachsene Kinder müssen „hinaus ins feindliche Leben" und ihren eigenen Weg gehen. Eltern leiden oft unter dieser naturgewollten Ablösung der Kinder („Empty-nest-Syndrom"), während diese von Kindern oft als befreiend erlebt wird.

Die ursprünglich sehr enge Bindung zwischen Eltern und Kindern wird von Letzteren zunehmend einseitig gelöst. Das ist von der Natur so vorgesehen und letztlich muss die Nachfolgegeneration die totale Ablösung – den Tod der Eltern – unbeschadet verkraften. Die Eltern haben ihre biologische Aufgabe erfüllt, werden somit zunehmend überflüssig und oft sogar zu einer großen Belastung.

Die Fackel des Lebens wurde weitergegeben.

Die bestausgebildeten Nachkommen werden ihrerseits erfolgreich Nachkommenschaft aufziehen, ein entwicklungsgeschichtliches Faktum, welches erstmals durch Charles Darwin[10] erkannt und 1859 publiziert wurde. Originaltitel: „On the Origin of Species". 1871 dehnte er seine Theorie auch auf den Menschen aus, was anfänglich heftige Proteste hervorrief, aber heute allgemein anerkanntes Wissensgut ist. Nicht unbedingt der Stärkste wird sich durchsetzen, sondern der besser Angepasste. Diesem Grundsatz „Survival of the Fittest" – Überleben der Tüchtigsten – dient die Erziehung. Die bestausgerüsteten Nachkommen werden im Leben erfolgreich sein; hierzu gehören beim Menschen neben der Erziehung auch die Ausbildung. Und alle dabei auftretenden Zwänge können zu einer Gratwanderung in der Beziehung zwischen Eltern und Kindern führen.

Zwangsläufig muss es zur Ablösung der Jugendlichen von der älteren Generation kommen und diese Emanzipationsbestrebungen, welche in der Pubertät ihren ersten Höhepunkt finden, führt in den meisten Fällen zu einem Generationenkonflikt unterschiedlicher Intensität. Das Kind muss sich von den Eltern ablösen, muss rebellieren, denn nur den Eltern gegenüber kann es bis zur maximalen Kränkung provozieren, denn nur Eltern tolerieren Dinge, bei denen jeder andere Mensch sich abwenden würde. Kommt es zu wiederholten massiven Kränkungen der Eltern, wird sich das Klima verhärten, man beginnt sich aus dem Weg zu gehen, der Abstand wird immer größer, es kommt zur Eiszeit, zum Schweigen und zum totalen Kontaktabbruch ist es nur mehr ein kleines Stück. Die weitaus überwiegende Mehrheit der familiären Kontaktabbrüche wird von Kindern vollzogen; ich kenne keinen Fall, wo es umgekehrt war. Auch das ist ein Stück weit erklärbar: Die Nachkommenschaft muss den Tod der Eltern erleben und ertragen können. Daraus könnte aus biologischer Sicht abgeleitet werden, dass Eltern ihre Kinder mehr lieben müssen, als Kinder ihre Eltern – und das macht auch Sinn.

10. PROBLEME UNTER GESCHWISTERN

Erstgeborene haben es in der Regel schwerer als jüngere Geschwister. Das ältere Kind hat oft die Funktion eines Eisbrechers. Den Nachgeborenen wird von den Eltern vieles deutlich früher erlaubt, als den Erstgeborenen. Das jüngere Kind hat es dadurch oft leichter. Das wird von den älteren Kindern zumeist als ärgerlich und kränkend empfunden und den Eltern als Ungerechtigkeit vorgehalten: *„Das, was ihr meiner jüngeren Schwester jetzt erlaubt, durfte ich erst zwei Jahre später und ich musste es mir erst gegen großen Widerstand erkämpfen."* Und die Ältere denkt, die Jüngere hat es viel leichter und meistens stimmt das auch; die Eltern haben inzwischen dazugelernt und wurden gelassener und nachsichtiger.

Ältere Kinder können bei entsprechender Persönlichkeitsstruktur aber auch Vorteile gewinnen. Es kann durchaus befriedigend sein, der kleineren Schwester bei Hausaufgaben zu helfen. Das hilft nicht nur der Jüngeren, man profitiert als Lehrende durch das Memorieren ja ebenfalls.
Natürlich wollen Eltern alles richtig machen und das Beste für ihre Kinder, aber ist dieses Beste auch wirklich immer das Richtige? Niemand macht alles richtig!

Manchmal orientieren sich Eltern an den nicht mehr zeitgemäßen Regeln ihrer eigenen Erziehung, aber die Welt hat sich verändert. Heute müssen Blue Jeans nicht mehr ordentlich sein, nein – sie müssen zerfranst, schäbig und zerrissen sein; das gilt als sexy und cool. In einer eindeutig schwierigeren Situation sind Eltern, die selbst Einzelkinder waren und daher durch die fehlende Gruppendynamik einer Mehrkinderfamilie weniger abgeschliffen wurden und deren Empathie weniger geschult ist.

Durch die weniger geschulte Streitkultur von Einzelkindern können diese Spannungen, wie sie in jeder Familie vorkommen, weniger gut verarbeiten, weil sie die Auseinandersetzungen mit Geschwistern nicht kennengelernt haben. Ist der Altersabstand zwischen den Kindern größer als zehn Jahre, so könnten beide praktisch als Einzelkinder betrachtet werden; aber selbst da sind Eifersüchteleien nicht unbekannt.

11. COOLNESS

Warum haben es Eltern und auch andere Autoritäten in der Erziehung heute schwerer? Die Gründe hierfür sind zum Teil dieselben, aus denen es auch für die Kinder schwerer geworden ist. Der geänderte Zeitgeist, die leistungsorientierte Gesellschaft, die zunehmende Hektik und besonders auch der gruppendynamische Druck, dass Kinder „cool" sein müssen, kann zu weiterem Stress führen.

Was bedeutet Coolness? Ein vielschichtiger Begriff, der viel Unterschiedliches aussagen kann. Coolness, ein jugendsprachlicher Anglizismus, der vom englischen „cool" = „kalt" hergeleitet ist, kann sowohl Positives bedeuten, als auch negativ konnotiert sein. Positive Interpretationen sind: Toll, großartig, lässig, über den Dingen stehend, gelassen, souveräne Geisteshaltung, das Gegenteil von hitzköpfig, Unempfindlichkeit und zur Schau gestellte Abgebrühtheit.

Im Negativen bedeutet es: Dickfelligkeit, Gefühllosigkeit, Überlegenheitsgefühl gegenüber Höhergestellten, Obrigkeit verachtend, Ungeniertheit, Distanziertheit, Aufmüpfigkeit gegenüber allem, auch gegenüber den eigenen Eltern und tatsächliche Abgebrühtheit.

Coolness letzterer Art schafft ein erziehungsfeindliches Klima, aber oppositionelle Coolness gegen Eltern, Schule und Obrigkeiten ist derzeit „in". Nicht der Musterschüler wird bewundert (eher verachtet und gemobbt), sondern der Aufmüpfige, der sich getraut gegen Obrigkeiten zu rebellieren, was auch eine Basis für familiäre Dissonanzen schaffen kann.

Ein besonderes Beispiel von „Coolness" lieferten Maturanten im Sommer 2020 in Österreich anlässlich der Coronapandemie. Eine Verfügung durch das Unterrichtsministerium besagte, dass bei ausreichender Leistung während des Schuljahres ein Durchfallen bei der Matura (Reifeprüfung, dt. Abitur) nicht mehr möglich war. Darauf gaben manche Schüler als Maturaarbeit „cool" einen leeren Zettel ab, eine Provokation, die zur Schulzeit der Elterngeneration undenkbar gewesen wäre.

Ich darf wiederholen, Erziehung **(was für ein negativ besetzter Begriff für beide Seiten!)** war nie so schwierig, wie in der heutigen Zeit.

12. KINDER DÜRFEN ALLES – DÜRFEN SIE WIRKLICH?

Die transozeanische, aus dem Westen importierte, zunehmend permissive Erziehung untergräbt althergebrachte Autoritäten unseres Kulturkreises, sodass deren Leitlinien ihren Wert verlieren und manchmal wie hilflose (verzopfte) Relikte aus der Vergangenheit erscheinen. In der Erziehungskultur der Vereinigten Staaten von Amerika hatten die Rechte der Kinder schon seit vielen Jahrzehnten einen höheren Stellenwert, als in Europa. Der Respekt gegenüber Erziehenden und Lehrenden sinkt derzeit auch bei uns zunehmend. Werden in der Erziehung aber keine Grenzen gesetzt, sinkt auch die Frustrationstoleranz der Kinder, sodass Kritik, auch wenn sie berechtigt und sogar wohlmeinend ist, nicht mehr ertragen wird. Man sollte Kinder nicht so erziehen, dass sich in ihnen die Meinung festsetzt, sie seien das absolut Wichtigste im Universum, denn dadurch fördert man Narzissmus (siehe Kapitel 19).

Einerseits kann man die Kraft des Lobes nicht hoch genug einschätzen, wenn es um die Motivation der Adoleszenten geht, die Herausforderungen der Erziehung, des Lernens, des Schulwesens, des beruflichen Weiterkommens anzunehmen oder zumindest nicht zu opponieren. Aber andererseits müssen sich Eltern davor hüten, banale Leistungen ihrer Kinder übermäßig zu loben. Denn dadurch wird Narzissmus geradezu gezüchtet, wenn sich Kinder dadurch selbst zu überschätzen beginnen, in ihrer vermeintlichen Grandiosität abheben und durch ihr übersteigertes Selbstwertgefühl den Bezug zur Realität verlieren. „Narzisstische Kinder werden besonders durch die Mutter gemacht" meint Univ. Doz. DDr. Raphael M. Bonelli[11] indem sie ihre Kinder „aufpumpt". („Wie Eltern ihre Kinder verherrlichen und es später bereuen"). Außerdem meint Bonelli: **„Kinder werden heute zu wenig erzogen"** und erkennen die Realität nicht.

Sigmund Freud[12] spricht von seiner Majestät, dem Baby, und das hat für dieses Alter sicher seine Berechtigung. Eltern tun für ihr Baby alles und loben es für alles. Später muss Lob begründet sein. Ein Kind wegen jeder Selbstverständlichkeit, jeder Kleinigkeit zu loben, wirkt kontraproduktiv. Inflationäres Loben führt zur Selbstüberschätzung des Kindes und erzieht zum Narzissmus, was auch wissenschaftlich belegt ist. Studien von Eddie Brummelman[13], Professor an der Universität Amsterdam, ergaben, dass Eltern, die Kinder zu Unrecht zu viel loben, narzisstische Kinder heranziehen. Auch Michael Lehofer[14],

Psychiater und Psychotherapeut, sagt: „Wir leben in einer Kultur, die die Jugend verherrlicht.

Das übermäßige Loben war besonders in den 70er und 80ern Jahren en vogue. Man dachte in diesen Jahren, ein Kind wird umso erfolgreicher, je mehr man es auch überschätzend lobt; dem ist nicht so! Das Kind, das sich besser, realistischer einschätzen kann, wird erfolgreicher sein. Das Ziel der Psychotherapie in solchen Fällen sollte eher sein, dass Therapierte in der Selbstbeurteilung etwas demütiger werden; dann sind sie auch weniger kränkbar, weil sie sich eben richtiger einschätzen. (nach R. Bonelli)

Bonelli bringt noch weitere interessante Gedankengänge. Wenn in einer Familie das Kind über den Partner gestellt wird, erzieht man das Kind damit ebenfalls zum Narzissten. Vergleiche zwischen Ehepartnern und Kindern sollten tunlichst vermieden werden und immer sollte dem Kind die gegenseitige Wertschätzung der Eltern vermittelt werden und nicht, dass das Kind wichtiger sei als der Ehepartner. Daraus entstehen typischerweise Situationen, in denen das Kind die Eltern gegeneinander auszuspielen versucht. „Wenn`s schon der Papa nicht erlaubt, dann frag` ich halt die Mama." Selbst wenn die Eltern nicht einer Meinung sind, sollten sie trotzdem vor dem Kind Einigkeit demonstrieren; hinterher können sie ohne Beisein des Kindes ihre Meinungen abgleichen, wie weiterhin in dieser Angelegenheit vorzugehen ist. Wenn ein Partner gering geschätzt wird, merkt das Kind dies sofort und übernimmt schnell diese verachtende Haltung.

Besonders verheerend ist dies bei Scheidungen, wenn die Eltern um die Gunst des Kindes buhlen und mit besonderen Begünstigungen das Kind auf ihre Seite ziehen wollen; das konterkariert jedwede erzieherischen Bemühungen. Die Rechnung wird zumeist in der Pubertät präsentiert. Strengere und konsequente Eltern (oft als schlechte

Eltern bezeichnet) sind für Kinder besser als Eltern, die über alles hinwegsehen und keine Grenzen setzen.

In der Adoleszenz prägt sich der Narzissmus zunehmend stärker aus. Ein nicht ernst zu nehmendes Bonmot zu narzisstischen Pubertierenden: „Die Pubertät findet deswegen statt, damit, wenn die Kinder ausgezogen sind, die Eltern nicht so leiden müssen oder sogar froh sind". Und ein weiterer bummelwitziger, nicht ernst zu nehmender Ausspruch: „Man bekommt so lange Kinder, bis das erste in der Pubertät ist, dann stoppt man jede weitere Familienplanung".

Ich weiß nicht genau, woran es liegt, aber die österreichische Bevölkerung würde aufgrund der niedrigen Geburtenrate ohne Zuwanderung immer weiter abnehmen; die durchschnittliche österreichische Familie hat nur 1,5 Kinder. Vielleicht liegt es am Wohlstand, dass wir so wenig oder gar keine Kinder wollen. Hierfür gibt es auch einen eigenen Begriff: „DINKS" = „double income, no kids". Traurig!

13. PUBERTÄT

Über die Problematik der Pubertät bei Buben und Mädchen wurden schon so viele Bücher geschrieben, dass man damit Bibliotheken füllen könnte; wer darüber Näheres wissen will, möge sich an die Fachliteratur halten, doch völlig ausklammern möchte ich dieses weitreichende Thema auch nicht.

Ich erinnere mich an den prophetischen Ausspruch eines Lehrers, welcher anlässlich eines Elternsprechtages zu mir sagte: „Sie werden sehen, es kommt die Zeit, wo sie als Eltern nichts hören, nichts sehen und nichts sagen dürfen; wie bei den drei Affen!" Erst in späteren Jahren kam mir der Sinn dieses Ausspruches voll zum Bewusstsein.

Die Pubertät ist eine besonders schwierige Phase für Kinder und Eltern. In dieser Zeit des Umbruches und der Identitätssuche treten Kränkungen gehäuft auf. Es kommt zu Konflikten mit den Eltern, mit Gleichaltrigen, zu Zurückweisungen bei Kontaktversuchen, Problemen in der Schule oder an der Lehrstelle; und das zu einer Zeit, wo das Selbstbewusstsein der Heranwachsenden noch keineswegs gefestigt ist. All diese Verletzungen können Veränderungen hervorrufen, die sich erst im späteren Leben auswirken. Im Rahmen der pubertären Entwicklung müssen auch Eltern so manche Kränkung ertragen, nur können Erwachsene damit besser umgehen, als Jugendliche.

„Schnell fertig ist die Jugend mit dem Wort"
(Friedrich Schiller: Wallensteins Tod, II, 2).

Einerseits wollen die Eltern das Kind bestmöglich für die Herausforderungen des kommenden Lebens in all seinen Facetten vorbereiten und dem Nachwuchs die bestmöglichen Startbedingungen geben. Anderseits wollen die Kinder Spaß haben und sich nicht immer wieder den Zwängen einer verantwortungsvollen Erziehung unterwerfen; ja, unterwerfen ist das richtige Wort, denn den Weitblick auf das, was im Erwachsenenleben auf sie zukommt, haben aufgrund der Summe der Lebenserfahrungen doch die Eltern. Eltern müssen Grenzen setzen und Regeln festlegen, wobei eine konsequente Haltung wichtig ist. Erziehung und Ausbildung im weitesten Sinn kann – hart ausgedrückt – doch etwas von Dressur haben. Erziehung dient aber ausschließlich dem Zweck, den Heranwachsenden für das spätere Leben das bestmögliche Rüstzeug zu geben und deren Vorankommen zu optimieren, denn auch hier gilt die Regel von Charles Darwin: „Survival of the fittest". Der Bestausgerüstete wird überleben und sich fortpflanzen. Heutzutage entscheidet nicht die physische Kraft, sondern vielmehr die bessere Ausbildung, es bestimmen also die besseren Kenntnisse und Fertigkeiten darüber, welche Positionen unsere Kinder im Leben erreichen können.

Aber Disco ist lustiger als Büffeln!

Also ein massiver Interessenskonflikt! Und wieder besteht die Gefahr, dass der Keim für Zwistigkeiten, ja sogar Hass im späteren Leben gelegt wird.

Ich möchte kurz auf die psychischen Veränderungen in der Pubertät eingehen, soweit sie für die Thematik dieses Buches – den Familienabbruch – von Belang sind. Obwohl sich die psychischen Veränderungen bei Buben und Mädchen weitgehend ähneln, gibt es doch geschlechtsspezifische Unterschiede. Grundsätzlich beginnt die Pubertät bei Mädchen etwas früher, heutzutage mit ca. 11 Jahren. Der Pubertätsbeginn ist nicht zu verwechseln mit der Menarche (der ersten Regel), die etwa 1,5 Jahre später eintritt; die Pubertät der Buben beginnt mit ca. 13 Jahren.

Die wesentlichen psychischen Veränderungen bei den Mädchen seien hier (unvollständig) aufgelistet:

- Beginnende Distanz zu den Eltern
- Provokationen den Eltern gegenüber
- Häufiger Stimmungswechsel („Gefühlschaos")
- Erhöhtes Schamgefühl
- Launenhaftigkeit (Wutausbrüche)
- Unsicherheit und Selbstwertzweifel
- Experimentieren mit unterschiedlichen Rollenmustern
- Orientierung an neuen Vorbildern (nicht mehr an Eltern)
- Neue Interessensfindung (nicht Schule)
- Entwicklung von Selbstständigkeit
- Emotionale Loslösung von den Eltern

Viele der genannten Veränderungen finden sich genauso auch bei Buben, die tieferstehenden aggressionsbetonten Eigenschaften dominieren eher beim männlichen Geschlecht:

- Zunehmendes Kräftemessen, wobei Niederlagen schlecht vertragen werden
- Freiheitsgedanken, sich von den Eltern zunehmend zu entfernen
- Macho-Gehabe
- Aggressives Verhalten, wobei oft die eigene Unsicherheit überspielt werden soll
- Suche nach Anerkennung bei gleichzeitigen Versagensängsten
- „Coolness" zur Tarnung von Unsicherheiten
- Sinkende Frustrationstoleranz
- Selbstbestimmungsbestrebungen

14. NEUROPHYSIOLOGISCHE VERÄNDERUNGEN IN DER PUBERTÄT

In der Pubertät kommt es zu einer Umstrukturierung im präfrontalen Cortex (vordere Hirnrinde) und der Nuclei amygdalae (Mandelkerne). Der präfrontale Cortex ist für die überlegten Entscheidungen verantwortlich, während die Mandelkerne deutlich rascher die unüberlegten „Bauchentscheidungen" treffen. Die Umbildung der Mandelkerne vollzieht sich schneller als die Entwicklung des logisch denkenden Cortex. Durch die damit erhöhte Reizbarkeit kann es zu unkontrollierten psychischen Entgleisungen kommen, da der „abwägende Anteil" des Gehirnes noch nicht genügend ausgereift ist, um nüchtern überlegend eingreifen zu können. Das entschuldigt die Tochter natürlich nicht, wenn sie der Mutter *„blöde Drecksau"* an den

Kopf wirft! Respektlosigkeiten brauchen sich Eltern von niemandem bieten zu lassen, auch nicht von den eigenen Kindern.

Man muss den Heranwachsenden aber zugute halten, dass das Gehirn in der Jugend noch nicht ausgereift ist und Michael Lehofer (siehe 14) sieht darin eine große Chance: *„Die Unreife des Gehirns der jungen Menschen ist ein immenser evolutionsbedingter Vorteil, weil wir dadurch nicht nur durch die Genetik, sondern in spezieller Weise auch durch die Umwelt prägbar sind"* (S. 51)

Während der pubertären Entwicklungsphase sind die Ziele der Eltern und die Interessen der Heranwachsenden oft in diametralem Gegensatz. Kinder wollen ihre eigenen Entscheidungen treffen; sie wollen über ihr Aussehen, die Frisur, die Kleidung selbst entscheiden. Sie wollen ihren eigenen Freiraum haben, ein eigenes Zimmer, das von Eltern nur mit ausdrücklicher Erlaubnis betreten werden darf. Während von den Eltern zunehmend Druck ausgeübt wird, leisten die Kinder zunehmend Widerstand. Sie arbeiten mit allen Tricks, um die jeweiligen Interessen durchzusetzen. Die Eltern werden gnadenlos dem Kollektiv gegenübergestellt. Strategisch taktierend werden die Eltern mit Vergleichen, was die anderen Eltern den Gleichaltrigen alles erlauben würden, konfrontiert.

Anneliese: *„Die Maria darf bis Mitternacht ausbleiben und alle andern Mädchen meiner Klasse auch, nur mir wird das nicht erlaubt".* (Tür knallt zu!)

Dominik *zum Vater: „Der Georg hat auch schon ein Motorrad und du, Papa, willst es mir nicht gönnen, obwohl du viel mehr verdienst".* Dass der Vater seinem Sprössling nur aus Sorge vor einem Unfall das Gefährt nicht kaufen will, glaubt Sohn Dominik nie und nimmer: *„Der Vater ist ein Geizkragen".*

Als sich der Vater schließlich aufgrund wiederholter Bitten und Drängen überwindet und seinem Sohn doch ein Enduro-Leicht-Motorrad kauft, sagt dieser höchst verwundert: *„Dass du mir das gekauft hast?*, da sich das Urteil des Sohnes, dass der Vater ein Geizkragen sei, schon so sehr gefestigt hatte, dass er kaum glauben kann, dass ihm der Vater doch ein Motorrad gekauft hatte. Dabei hatte der Vater nur deshalb mit dem Kauf so gezögert, weil er Angst davor hatte, Dominik könnte verunglücken. Dass der Vater mit seinen Befürchtungen nicht so falsch lag, wurde durch die Tatsache erhärtet, dass der Sohn später bei einer Motorradwettfahrt tatsächlich verunglückte und ins Spital musste; zum Glück waren die Verletzungen nur leichter Natur. Und vielleicht war es sogar doppeltes Glück, denn durch diesen Unfall konnte möglicherweise viel Schlimmeres verhindert werden, als sich Dominik Jahre später auf eigene Faust sehr PS-starke Rennmaschinen kaufte (das Motorradfahren wurde zu seinem Hobby) und durch die vorherige Übung mit dem Leichtmotorrad keinen Unfall mehr hatte.

Normalerweise wünschen sich alle Familienmitglieder (Väter, Söhne, Mütter, Töchter, Geschwister) eine harmonische Beziehung mit gegenseitigem Verständnis, gegenseitigem respektvollem Umgang und generell möglichst wenig Friktionen. Doch in der Pubertät ist die Realität oft ganz anders. Vater und Mutter erscheinen als Tyrannen, denen man zu gehorchen hat, besonders wenn man nicht versteht, warum man manches tun oder unterlassen soll. Die Eltern – das liegt schon in der Wortbedeutung – repräsentieren das Alte, das Vergangene, das Veraltete, etwas, das nach Meinung vieler Jugendlicher für die Zukunft nicht mehr gilt. Außerdem machen die Heranwachsenden ihrer Meinung nach ohnedies alles besser als die Alten. Die Jugendlichen stehen für das Neue, die Zukunft, in der das Vergangene und die Erfahrung keinen Wert haben. **Erfahrung ist nicht vermittelbar!**

Dem Kind zu sagen, es solle nicht auf die heiße Herdplatte greifen, nützt wenig; erst der Griff auf die heiße Platte wirkt. Die junge Generation muss ihre Fehler selbst machen! Meist machen sie nicht die Fehler der Eltern, sie machen andere! Diesem Aufbegehren der jungen, „coolen" Generation stehen die Eltern oft ratlos gegenüber.

Während Väter und Mütter für die Kinder in frühen Lebensjahren Vorbilder sind, denen man nacheifert, die man als absolute Autoritäten mit Unfehlbarkeitsanspruch auf einen Sockel stellt, beginnt der Sockel ab der Pubertät zu bröckeln. Kinder wollen eine eigene Persönlichkeit aufbauen. Das Kind entdeckt die Freude am Widerspruch. Es ist genetisch determiniert und naturgewollt, dass die Eltern vom Sockel herunter müssen. Die Heranwachsenden wollen und müssen eigene Wege gehen, um sich in einer sich verändernden Welt zurechtzufinden, sie müssen selbstständig werden, sie müssen sich emanzipieren, auch wenn sie sich dabei oft eine blutige Nase holen. Und die Eltern wollen die Nachkommen mithilfe ihrer größeren Erfahrung vor diesen Wunden bewahren und geben Ratschläge. Wissen sie, was der schwerste Schlag für Kinder ist? Der **Ratschlag!**

Der schwerste Schlag ist der Ratschlag.

15. BERUFSWAHL

Gestörte Eltern-Kind-Verhältnisse finden sich besonders häufig in der sogenannten gehobenen Gesellschaftsschicht. Der Sohn will mit dem erfolgreichen Vater nicht nur gleichziehen, sondern ihn übertrumpfen. Auch die akademisch gebildete Mutter, die neben der organisatorischen Bewältigung des Haushalts auch noch beruflich erfolgreich ist, bedeutet ein schwer zu erreichendes Vorbild für die Tochter. Hier kommt der Wunsch, alles besser zu machen als die Eltern – der

Diadochenkomplex – voll zum Tragen. Die Vorgaben der Eltern sind umso schwerer, je höher die soziale, akademische oder wirtschaftliche Stellung der Eltern ist. Es ist schwer für den Sohn mit dem Vater, der z.B. Universitätsprofessor oder ein sehr erfolgreicher Unternehmer ist, gleichzuziehen. Es ist aber auch für den Vater nicht selbstverständlich, Zeit in eine seiner Meinung nach eher belanglose und zeitraubende Unterhaltung mit den Kindern zu investieren, gemeinsame Freizeitaktivitäten zu favorisieren, während unerledigte Arbeit, Geschäftsabschlüsse mit weitreichenden finanziellen Konsequenzen, Gerichtsgutachten, wissenschaftliche Arbeiten, Vortragsvorbereitungen oder Ähnliches warten müssen. Wenn dem Vater nichts davonläuft, er keinen randvollen Terminkalender abarbeiten muss, hat er es leichter, sich mehr mit den Kindern zu beschäftigen und ein harmonisches Verhältnis zu vertiefen. Oft erkennen Eltern und Kinder die wechselseitig auftauchenden Probleme zu spät. Im Nachhinein, wenn es keine Gesprächsbasis mehr gibt, erkennen Eltern im Rückblick, dass es vielleicht besser gewesen wäre, nicht dem Erfolgsstreben, der Karriere so viel Energie zu widmen, sondern mit den Kindern mehr Zeit zu verbringen und Toleranz, Emotionen und gegenseitiges Verstehen voran zu stellen. Beide Teile – Eltern und Kinder – sollten ein liebevolles Verständnis füreinander haben.

Kinder erfolgreicher Eltern haben es schwerer.

Wenn z.B. die Eltern beide auf akademischer Ebene stehen, erfolgreiche Unternehmer sind, in der Öffentlichkeit herausragende Positionen einnehmen, wie sieht die Situation aus dem Blickwinkel der Kinder aus, die es ja den Eltern zumindest gleichtun oder sie sogar überflügeln wollen. Ich erinnere an den Ausspruch des Sohnes Christian zum Vater: *„Ich werde alles besser machen als du"*. Dabei sieht sich das Kind oft anfangs einer schier unlösbaren Aufgabe gegenüber: Es sieht einen riesigen Berg vor sich, den es zu erklimmen gilt, um zumindest den Level der Eltern zu erreichen. Und nicht selten gibt es nach Rückschlägen, die unweigerlich auch kommen, entmutigt auf.

Besonders tragisch ist der Fall des Sohnes eines Wiener Primarius, wo der Medizin studierende Sohn seinem Vater vortäuschte, er hätte Prüfung um Prüfung seines Studiums bestanden, bis schließlich der Zeitpunkt kam, an dem das Studium abgeschlossen hätte sein müssen. Der Sohn war aber zu den Prüfungen größtenteils gar nicht angetreten und hatte seinen Studienerfolg nur vorgegaukelt. Am Ende flog alles auf und der Sohn in seiner Not, Scham und Verzweiflung wusste keinen anderen Ausweg, als seinen Vater zu ermorden. Das war natürlich ein besonders tragischer, schrecklicher Ausnahmefall.

Ich kenne einen anderen Fall, in dem der Sohn Erich seinem Vater erklärte, er hätte bei einer Prüfung nicht antreten dürfen, weil seine Prüfungsanmeldung auf der Universität verschlampt worden sei. Durch die Recherche des Vaters kam zum Vorschein, dass der Sohn vergessen hatte, sich überhaupt anzumelden. Obwohl der Vater dem Sohn keine Vorwürfe machte, war durch diesen Vertrauensbruch das familiäre Klima eine Zeit lang erheblich gestört. Derartige Nadelstiche tragen immer etwas zu einer späteren Entfremdung bei. Fehler des Sohnes: nicht die Wahrheit gesagt zu haben; Fehler des schweigenden Vaters: den Sohn nicht zu trösten und zu sagen: *"Halb so schlimm, so etwas kann schon einmal passieren"*. Beider Fehler führte zu einem bitteren Nachgeschmack.

16. NACHFOLGE IM FAMILIENBETRIEB

Üblicherweise wird die Nachfolge in einem Familienbetrieb durch die nächste Generation als ideal angesehen; zumeist ist es auch so, wenn die Kinder die von der vorherigen Generation aufgebaute Firma übernehmen können. Nicht nur die Räumlichkeiten, die Einrichtung, das Knowhow, sondern auch das eingeschulte und erfahrene Personal sowie die Logistik sind schon vorhanden. Aber manchmal werden all diese Vorzüge von den Nachkommen gering geschätzt und es kann zudem eine Konkurrenzsituation entstehen, die ein gedeihliches Zusammenarbeiten zunehmend erschwert und letztlich sogar unmöglich macht. Wenn der Seniorchef noch sehr vital ist – heutige Senioren sind wesentlich vigilanter als noch vor dreißig Jahren – und zudem die Nachfolger weniger Biss haben als die „Alten", kann es zu Friktionen kommen, die sich recht negativ auf das Betriebsklima auswirken. Bei Unstimmigkeiten in der Chefetage leiden auch die Mitarbeiter und ein ehemals sehr angenehmes Betriebsklima kann empfindlich gestört werden. Die anfänglich geringen Animositäten können derartig eskalieren, dass es schlussendlich zum Bruch kommt.

Weiters wurde mir ein Fall berichtet, wo der Seniorchef feststellen musste, dass mit Eintritt seines Sohnes Friedrich als Juniorchef in den Betrieb, das vorher sehr angenehme Klima immer schlechter wurde. Dieser für alle unangenehmen Situation wollte der Senior mit einer betont amikalen Betriebsversammlung abhelfen, wo nach Dienstschluss in gelöster, freundlicher Atmosphäre alle Firmenangehörigen ihre Meinung zu etwaigen Fehlentwicklungen und Problemen äußern und Besserungsvorschläge machen sollten. Während der Hektik des laufenden Betriebes war ja kaum Zeit für ein entspanntes Gespräch. Es gibt immer etwas zu verbessern, und gemeinsame Gespräche sind hilfreich für das Betriebsklima. Leider schlug dieser wohlgemeinte Versuch des Seniors fehl, da der Sohn kurz nach Anfang der Besprechung plötzlich unvermittelt den Raum geradezu fluchtartig verließ, ohne dass vorher irgendeine negative Bemerkung gefallen war.

Dieses Fluchtverhalten kann Ausdruck einer Persönlichkeitsstörung sein, das man als **Fugue** (französisch: Flucht, synonyme medizinische

Bezeichnung: **Dromomanie**) bezeichnet. Darunter versteht man eine dissoziative Impulskontrollstörung, die ein zwanghaftes, unvermitteltes Weglaufen ohne ersichtlichen Grund und ohne ein fassbares Ziel beinhaltet. Fugue ist ein eigenes Krankheitsbild, welches im internationalen medizinischen Kodifizierungscode mit der Bezeichnung ICD-10: F 44.1 angeführt wird. Menschen mit dissoziativer Fugue sehen sich in einer für sie extrem unangenehmen Situation, aus der sie keinen Ausweg finden können außer durch Flucht. Der Stresszustand erreicht oft derartige Ausmaße, dass später sogar die Erinnerung an die unerträgliche Situation gelöscht sein kann. Während einer Fugue präsentiert sich die Person sonst psychopathologisch unauffällig. Dieses Krankheitsbild ist gar nicht so selten; der Fachliteratur ist zu entnehmen, dass z.B. in Deutschland 0,2% der Allgemeinbevölkerung darunter leidet.

Diese Flucht war natürlich kein positives Ereignis für eine Klimaverbesserung in der Firma, eher das Gegenteil. Und der Juniorchef hat dann auch bald die gemeinsame Firma und seine Familie verlassen, obwohl er dadurch erhebliche Nachteile in Kauf nehmen musste. Familiennachfolge im eigenen Betrieb geht leider nicht immer gut.

Es ist ganz selbstverständlich, dass Eltern für ihre Kinder das Bestmögliche tun wollen. Das Bestmögliche wird von Eltern und Kindern manchmal unterschiedlich bewertet, aber bestimmte Maßnahmen der Eltern sind für die Nachkommen eindeutig absolut positiv, eine negative Interpretation ist zwar möglich, aber völlig unlogisch.

Ein Beispiel:
Manche Berufe dürfen nur bis zu einer bestimmten Altersgrenze ausgeübt werden. So dürfen z.B. Piloten ab einem gewissen Alter nicht mehr Verkehrsflugzeuge pilotieren, Ärzte verlieren ab Erreichen des Pensionsalters ihre Verträge mit den Sozialversicherungen und No-

tare müssen ihre berufliche Tätigkeit einstellen; das macht durchaus Sinn.

Mir ist der Fall eines Notars bekannt, dessen Sohn ebenfalls die Ausbildung zum Notar absolviert hatte und dessen größtes Anliegen es war, eine der streng limitierten Notariatsstellen zu erlangen. Eine Notariatsstelle erhält der Anwärter nur dann, wenn ein altgedienter Notar in Pension geht und somit eine Planstelle frei wird. Nachdem der Sohn Zacharias seine vorgeschriebenen Ausbildungsschritte beendet hatte, war kein Notariat frei und es wäre ihm nichts anderes übrig geblieben, als in einer etablierten Notariatskanzlei als subalterner Angestellter tätig zu sein und er hätte lange auf eine freiwerdende Notariatsstelle warten müssen, um selbständig werden zu können.

Der Vater übergab jedoch sein eingesessenes, florierendes Notariat vorzeitig seinem Sohn, welcher auch das eingeschulte Personal und – besonders wesentlich – den gesamten Klientenstock übernehmen konnte. Diese Übergabe tätigte der Vater lange vor der Zeit, wo er aus Altersgründen das Notariat hätte zurücklegen müssen. Dabei verzichtete der Vater – rein pekuniär betrachtet – auf einen siebenstelligen Euro-Betrag, der dem Sohn zugute kam. Das Verhältnis zwischen Vater und Sohn war aber schon seit geraumer Zeit getrübt und zunehmend feindselig. Nachdem der narzisstische Sohn (Narzissmus: siehe Kapitel 19) alles bekommen hatte, brach er jeden Kontakt mit dem Vater auf bösartigste Weise vollkommen ab und Zacharias sprach ab diesem Tag nie mehr ein Wort mit seinem Vater, wie dieser mir berichtete. Kaum vorstellbar, aber leider Realität!

17. FAMILIENABBRÜCHE IM UMFELD

Wird man durch das Befassen mit Familienabbrüchen für dieses Thema sensibilisiert und schaut sich im Bekanntenkreis um, so bemerkt man, dass derartige Ereignisse in allen sozialen Schichten vorkommen. Auffällig ist, dass besonders häufig Familien mit sog. „erfolgreichen" Eltern betroffen sind, welche insbesondere viel Energie in ihren Beruf und den sozialen Aufstieg investiert haben.

Es hat den Anschein, dass wenn Kinder das Gefühl haben, den Eltern sei der Beruf sehr wichtig und sie meinen, die Eltern würden ihnen zu wenig Zeit widmen, dies als demütigende Herabsetzung empfinden; dass das nicht aus der Luft gegriffen ist, belegt schon die Auflistung der zahlreichen Familienabbrüche allein in meinem Bekanntenkreis:
- Die Tochter (Juristin) eines Universitätsprofessors, der auch Dekan einer medizinischen Fakultät war.
- Der Sohn eines anderen Universitätsprofessors, der den Vater völlig ignoriert und in 1m Entfernung grußlos an ihm vorbeigeht.
- Die Tochter einer Anästhesistin, die den Spitalsaufenthalt der Mutter nutzt, um fluchtartig aus der gemeinsamen Wohnung auszuziehen.
- Ein weiterer Facharztsohn, der jeden Kontakt zum Vater abbricht.
- Zwei Söhne eines Chefs einer Erdölvertriebsfirma, welche die Familie verlassen haben.
- Zwei Töchter eines Veterinärmediziners, die beide den Vater verließen und später einen totalen sozialen Abstieg erlitten und beide in schwerer Rauschgiftsucht endeten.
- Der Sohn eines Direktors eines Großkrankenhauses, der sich vom Elternhaus abwandte.
- Zwei Brüder, die mit dem Vater, einem Diplomingenieur, Architekt, Baumeister und Konsul eines südamerikanischen Landes den Kontakt völlig abbrachen.
- Mehrere weitere Kinder aus Akademikerkreisen.
- Zwei Söhne eines Sportkollegen, welche ebenfalls den Familienkontakt abbrechen.

- Ein weiterer Sohn, der den Kontakt mit seinem Vater (einem Primarius) bricht.

Diese Liste könnte ich noch weiter fortsetzen…

Dazu ist zu bemerken, dass naturgemäß der Bekanntenkreis eines Akademikers vorwiegend auf akademischer Ebene zu finden ist. Man findet Familienabbrüche aber in allen Gesellschaftsschichten; Familien in denen Eltern sehr belastet sind, sind stärker gefährdet. Dafür gibt es genug Beispiele wie etwa Helmut Kohl (Deutscher Bundeskanzler), Reinhold Messner (Extrembergsteiger und Sachbuchautor), Hermann Hesse (Schriftsteller) u.v.a. Angelika Kindt berichtet, dass besonders viele Reaktionen auf ihr Buch „Wenn Kinder den Kontakt abbrechen"[15] aus der sog. Mittelschicht kamen, wobei natürlich jeder Fall anders gelagert ist.

Vielen dieser Abbrüche ist gemeinsam, dass Eltern anspruchsvolle, konsumierende Berufe ausübten und somit weniger Zeit mit den Kindern verbringen konnten. Hierzu drängt sich ein Zitat von Heimito von Doderer (dem hochgeschätzten österreichischen Schriftsteller) auf, der meint: *„Wer sich in die Familie begibt, kommt darin um"*. Damit ist gemeint, dass jemand, der sich ganz der schöpferischen Literatur (wohl aber auch der Wissenschaft, der Forschung, dem Beruf etc.) verschreibt, nur mehr über wenige Ressourcen für ein intensives Familienleben verfügt.

Besonders hervorheben möchte ich Franz Kafka (3.7.1883 – 3.6.1924), Schriftsteller, und dessen berühmten „100seitigen Brief an den Vater". Dieser Brief wurde nie abgeschickt und erst 1952 in der Literaturzeitschrift „Neue Rundschau" veröffentlicht. Der Brief ist eine Standortbestimmung von Franz Kafka und eine Abrechnung mit dem als übermächtig empfundenen Vater.

Kafka schildert zunächst das Zerwürfnis aus dem Blickwinkel des Vaters, dem es vor allem um den sozialen Aufstieg in das angesehene Bürgertum ging, welcher ihm auch gelang. So konnte er dank seines geschäftlichen Einsatzes auch seinen vier Kindern eine gute Schulbildung angedeihen lassen.

Der Sohn anerkennt im Brief den harten Arbeitseinsatz seines Vaters und meint, da er selbst sehr verschlossen und geradezu unnahbar sei, der Vater müsste dies als Undankbarkeit empfinden. Franzl fühlt sich durch den Vater abgewertet und durch die permanente Androhung von Schlägen traumatisiert. Da der Vater gegenteilige Meinungen nicht gelten lässt, erscheint dem Sohn ein ruhiges Gespräch nicht möglich. Daher versucht der Sohn ein Zusammentreffen mit dem Vater möglichst zu vermeiden.

Die Mutter, Julie Löwy, stellt mit ihrer ruhigen Art gleichsam einen Gegenpol zum dominanten, cholerischen Vater dar, verhält sich aber loyal zu ihrem Ehepartner. Während der Vater als körperlich kräftig, willensstark und selbstgerecht geschildert wird, ist der Sohn eher scheu und ängstlich. Der Sohn sehnt sich einerseits nach Versöhnung mit dem Vater, hält sie aber anderseits aufgrund der unterschiedlichen Charaktere für unmöglich. Die Hoffnung auf ein Zusammenfinden hat Sohn Franz jedoch nie aufgegeben.
Der Generationenkonflikt ist so alt wie die Menschheit. Sucht man in der Geschichte oder Literatur nach Eltern-Kind-Konflikten, wird man schnell fündig. Professor Dr. Rudolf Klußmann[16] beschäftigt sich in seinem interessanten Buch „Väter Söhne" mit Vater-Sohn-Konflikten in Kreisen des Hochadels, das die Hintergründe dramatischer Entwicklungen in den Herrscherhäusern Europas aufgreift, beispielsweise das Verhältnis von Friedrich dem Großen zu seinem Sohn.

18. BIOLOGISCHE FAKTOREN IN DER ELTERN-KIND-BINDUNG

Biologisch gesehen ist die Eltern-Kind-Bindung eines der stärksten Bänder im Bereich zwischenmenschlicher Beziehungen, wenn nicht das stärkste überhaupt. Diese Bindung ist vorgegeben und in der Entwicklungsgeschichte, sowohl in der Tierwelt als auch beim Menschen, in Jahrtausenden – man könnte sagen – geradezu herangezüchtet worden. Entwickelt die Elterngeneration nicht eine aufwändige, manchmal bis an die Grenzen des eigenen Überlebens gehende Brutpflege, Aufzuchtstrategie, Erziehung, egal wie man es nennt, werden die Nachkommen nicht überleben. In der Natur finden sich auf Schritt und Tritt überwältigende Beispiele aufopfernder Brutpflege. Ohne diese notwendige Brutpflege würde die Gattung aussterben; jene Nachkommen, denen die Elterngeneration die bessere Überlebenshilfe gibt, wird sich durchsetzen und vermehren. Reicht die Brutpflege nicht aus, wird die Gattung der Konkurrenz nicht standhalten und ausgemerzt. Dieses Darwinistische Prinzip gilt letztlich bei allen Lebewesen, so auch beim Menschen.

Die Nachwuchspflege dauert von Art zu Art verschieden lang; je höher der Entwicklungsgrad, desto länger dauert die Brutpflege. Bei Vögeln zumeist wenige Wochen, Kolkraben werden ca. 55 Tage mit Nahrung versorgt und bleiben dann noch für Monate im Familienverband, Höckerschwäne dürfen bis zur nächsten Balz im Familienverband bleiben, dann werden sie vertrieben, Murmeltiere verlassen ihre Familien nach etwa 3 Jahren, bei Elefanten verlassen die Jungbullen im Alter von ca. 9 Jahren die Herde, während weibliche Elefanten ein Leben lang bei ihrer Herde bleiben; Schimpansen und Bonobos, deren Erbgut zu 98% mit dem menschlichen übereinstimmt, werden mit ca. 7 Jahren unabhängig. Schimpansen-Weibchen verlassen mit der Pubertät die Gemeinschaft, männliche Schimpansen bleiben ihr

Leben lang in derselben Gruppe. Bei den allermeisten Tieren kommt es früher oder später zum Verlassen der familiären Gemeinschaft.

Am längsten dauert die Brutpflege beim Homo sapiens. Dieser entwicklungsgeschichtlich herausselektierte Pflegetrieb wirkt beim Menschen praktisch das ganze Leben. Das Menschenkind benötigt diese Zuwendung am längsten, da neben der körperlichen Entwicklung auch die kognitiven und ethisch-moralischen Fähigkeiten ausgebildet werden müssen, um in der modernen Zivilisation reüssieren zu können. Die gesamte Erziehung und Ausbildung dient nur dazu, den jungen Menschen für den vielschichtigen Konkurrenzkampf zu rüsten und stark zu machen. Eltern sind für diese Brutpflege (Erziehung und Hilfestellung) genetisch programmiert. Sie können normalerweise gar nicht anders, als für das beste Fortkommen des Nachwuchses zu sorgen.

Aber manchmal ist diese Obsorge den Kindern einfach zu viel. Stichwort: **overprotective mother;** sie fühlen sich von zu viel Obsorge erdrückt, empfinden, dass ihr Freiraum zu sehr eingeengt wird, und das kann auch ein Grund sein, erfüllt von Freiheitsdrang, den Familienverband zu verlassen.

Ein Beispiel:
Eine mir persönlich bekannte alleinerziehende Mutter, welche um das Wohl ihres einzigen Kindes sehr besorgt war und alles tat, um dieses vor schädlichen Einflüssen zu bewahren, forderte von der Tochter stets genaue Aufzeichnungen über deren Tagesablauf. Als die Tochter studierte, wollte die Mutter z.B. genau darüber informiert werden, wann sie welche Vorlesungen besuchte, wann und wie sie ihre Freizeit verbrachte, also nahezu ein stundengenaues Protokoll über ihre Unternehmungen. Die alleinerziehende Mutter wollte die Tochter vor allen schädlichen Kontakten bewahren, die Tochter war ja ihr Ein

und Alles. Die derart geradezu lückenlos kontrollierte Tochter fühlte sich unfrei, war todunglücklich, fühlte sich wie im goldenen Käfig und versuchte aufzubegehren und der Kontrolle zu entfliehen. Sie erklärte anderen gegenüber wörtlich: *„Ich bin ja so arm, ihr könnt euch gar nicht vorstellen, wie arm ich bin"*. Eine Loslösung von der Mutter schien ihr nicht möglich.

Als die Mutter wegen eines operativen Eingriffes ins Spital musste, benützte die Tochter die Gelegenheit, besuchte ihre Mutter im Spital und eröffnete ihr: „Ich bin aus der Wohnung ausgezogen". Welch ein Schock für die Mutter.

Über lange Zeit gab es keinen Kontakt zwischen Mutter und Tochter. Erst Jahre später kam es wieder zu einer vorsichtigen Annäherung und im weiteren Verlauf versöhnten sich Mutter und Tochter wieder. Derzeit darf die Mutter die zwei Enkel betreuen, aber das Verhältnis ist nicht mehr so, wie es früher einmal war.

Der Begriff **overprotective mother** ist bekannt; der Ausdruck **overprotective father** ist nicht so geläufig. Grundsätzlich ist darunter zu verstehen, dass der Vater bemüht ist, Kinder vor Verletzungen aller Art, vor Unglück, Misserfolgen, Zurückweisungen sowie Fehlern und Enttäuschungen jeder Art zu bewahren; umgangssprachlich formuliert: er will „den Kindern alles richten". Dies bezieht sich besonders auch auf Belastungen im beruflichen Werdegang der Heranwachsenden, wobei der Vater bemüht ist, Hindernisse – soweit wie möglich – aus dem Weg zu räumen. Dies kann in den Adoleszenten das Gefühl entstehen lassen, Ziele nicht aus eigener Initiative erreicht zu haben. Kinder wollen es durch eigene Leistung zu etwas bringen, auf eigenen Beinen stehen und empfinden Hilfeleistungen manchmal als Bevormundung. Sie wollen sich ablösen, um ihre Ziele aus eigener Kraft zu erreichen.

Immer wieder Erfahrungen vermittelt zu bekommen, wird von den Belehrten und Geförderten zunehmend als unangenehm empfunden; Heranwachsende wollen ihre Erfahrungen selbst machen, zu häufige Belehrungen werden nicht vertragen und mit der Zeit gar nicht mehr toleriert. Außerdem können sie das unangenehme Gefühl erzeugen, dankbar sein zu müssen. Das kann dazu führen, dass sich die allzu sehr übergeförderten Kinder überfordert fühlen. Diese Über-Fürsorge ist dann nicht mehr auszuhalten und daraus resultiert:

„Nichts wie weg!"

In einer daraus resultierenden Trennung liegt nichts Bösartiges, Kinder wollen nur ihre eigenen Wege gehen und sich die Sporen selbst verdienen.

„Mit der Forderung der Eltern, wie ihre Kinder sein sollten, engen sie ihre Kinder ein und beschneiden ihre Entwicklung" schreibt Dorothee Döring[17] in ihrem sehr lesenswerten Buch „Das war´s"; und weiter: „Viele Eltern erkennen nicht, dass ihre Kinder ein Recht auf ein eigenes, selbstbestimmtes Leben haben und dass selbst gut gemeinte Ratschläge und Hilfsangebote übergriffig sein können, wenn sie dem widersprechen, was ihre Kinder wollen". Aber auch hier kommt es – wie überall – auf die Dosis an.

Aber wie stünde die menschliche Gesellschaft da, wenn die Eltern den Kindern nicht jene Leitlinien vorgäben, die diese im späteren Leben so dringend benötigen, um erfolgreich zu sein und im Lebenskampf bestehen zu können? Jene Wunderkinder, die freiwillig und widerspruchslos alles lernen, die besten Schulnoten heimbringen, die genau wissen, was sie später tun wollen, die selbstständig alles richtig machen, die von vorneherein mit einer Empathie ausgestattet sind, die im späteren Leben so entscheidend sein kann, die neben der schulischen Ausbildung die sportlichen Aktivitäten nicht vergessen, die gibt es nur in anderen Familien, nie in der eigenen. Normalerweise braucht es unabdingbar der oft so erdrückend empfundenen Erziehung und Ausbildung.

B. WEITERE URSACHEN FÜR FAMILIENABBRÜCHE

19. NARZISSMUS

Besonders schwierig ist die Erziehung von Kindern, die an einer narzisstischen Persönlichkeitsstörung leiden, welche nach Ansicht namhafter Psychiater und Psychologen die schwerste Persönlichkeitsstörung überhaupt darstellt.

Abgeleitet wird der Begriff „Narzissmus" aus der griechischen Mythologie, welche Ovid (römischer Dichter) in seinen "Metamorphosen" überliefert hat:

Der schöne, selbstverliebte Jüngling Narziss (griechisch: „Narkissos"), der Sohn des Flussgottes Kephissos und der Nymphe Leiriope, verachtete alle Anderen, Bewunderer und Verehrerinnen eingeschlossen. Ein derart Verachteter beschwerte sich bei Nemesis, der Göttin der Rache (nach anderen Quellen Artemis), welche darauf Narziss mit unstillbarer Selbstliebe bestrafte. Befragt über das Schicksal von Narziss prophezeite der Wahrsager Teiresias, dass Narziss so lange leben werde „bis er sich selbst erkennt". Der von allen bewunderte Jüngling wuchs heran, erwies sich als hartherzig, selbstsüchtig, unberührbar und nur auf sich selbst bezogen. Als Narzisss einmal, von der

Jagd erhitzt, durstig war, führte ihn Nemesis zu einem klaren Teich, wo er seinen Durst stillen sollte. Als er sich über das Wasser beugte, sah er sein Spiegelbild, welches ihm einen wunderschönen Jüngling zeigte. Gefesselt von seiner Schönheit konnte er den Blick von dem bezaubernden Bild nicht abwenden und voll Sehnsucht wollte er sich seinem geliebten Ebenbild immer mehr nähern, um sich letztlich mit ihm zu vereinen und stürzte, erfüllt von der Schönheit des Spiegelbildes und voll Selbstliebe ins Wasser und ertrank. In dieser mythologischen Begebenheit findet sich die ganze Bandbreite des Narzissmus, von der Geringschätzung der anderen über die Selbstliebe bis in den Tod.

Bevor der Begriff Narzissmus modern wurde, sprach man landläufig von **Egoismus**, **Egozentrizität** oder **Ich-Sucht**.

Von den zahllosen Psychoanalytikern, die über den Narzissmus wissenschaftlich gearbeitet haben, will ich hier die beiden bedeutendsten deutschsprachigen aufzählen: Sigmund Freud[12], mit dessen denkwürdiger Vorlesung „Zur Einführung des Narzissmus" im Jahre 1913 und sein Buch „Zur Einführung des Narzissmus" (1924), der drei archaische Urtriebe postulierte: Selbsterhaltungstrieb, Sexualtrieb und den narzisstischen Trieb, und besonders hervorheben möchte ich Reinhard Haller[8] und dessen herausragendes Buch „Die Narzissmusfalle", ein Buch, das wie kein anderes den Narzissmus in all seinen Facetten präzisiert und seine Vielschichtigkeit eingehend beleuchtet. Dieses Werk sollte unbedingt von allen gelesen werden, die sich näher mit den Ursachen des Familienzerfalls befassen.

R. Haller charakterisiert den Narzissmus in seinem Buch „Die Narzissmusfalle" durch die Komponenten der großen vier **„E"** (Seite 40), denen er später noch ein fünftes **„E"** hinzufügt, nämlich:

- **E**gozentrik
- **E**igensucht
- **E**mpathiemangel
- **E**mpfindlichkeit
- **E**ntwertung anderer

1988 präsentierten Robert Raskin und Howard Terry[18] sieben Merkmale des Narzissmus, wovon die vier **„A"** wesentlich sind:

- **A**ngeberei
- **A**ufmerksamkeitsstreben
- **A**rroganz
- **A**nspruchsdenken

Mir erscheinen die fünf „E" von Reinhard Haller besonders treffend.

Raskin und Terry generierten einen nicht ganz unumstrittenen Fragebogen mit 40 Fragen zur Auswertung der Narzisstischen Persönlichkeitsstörung, der natürlich nicht alle Facetten des Narzissmus berücksichtigen kann.

Die aktuelle internationale Klassifizierung der Persönlichkeitsstörungen findet sich im „Diagnostic and Statistical Manual of Mental Disorders DSM-5 (2013). In der Psychiatrie herrscht weitgehender Konsens darüber, dass es grundsätzlich zwei Formen der narzisstischen Persönlichkeitsstörung gibt, die „grandiose" und die „verletzliche", welche manchmal schwierig von der Borderline- und der paranoiden Persönlichkeitsstörung zu trennen sind. Der Psychiater Otto Kernberg[19], meint, dass Narzissten auch zwischen beiden Formen schwanken können.

Herausragende Eigenschaften des Narzissmus sind die ausgeprägte Kränkbarkeit und die exzessive Konzentration auf die eigene Person. Der Narzisst verträgt keine Kritik, egal ob sie real oder nur eingebildet ist; auch wohlmeinende Kritik empfindet er als Verletzung und diese kann sogar zu Hass führen. Wenn es ihm opportun erscheint, greift er auch zu Lügen oder schiebt einem anderen die Verantwortung zu. (siehe Erich: Seite 51).

Narzissten verfügen über eine treffsichere Gabe, die Schwachstellen anderer zu erkennen und ihr Gegenüber effektiv zu verletzen. Dabei wissen sie im allgemeinen sehr genau, wie weit sie gehen dürfen, um maximal zu entwerten ohne dabei die Grenzen zur gesetzlichen Strafbarkeit zu überschreiten. Es gibt aber auch Situationen, wo die Grenzen zur Legalität überschritten werden (Siehe z.B. Theodor, Zaunerrichtung, S. 131; oder Reinhold, Kapitel 40: Protokoll eines Abbruchs)

Etwa ein Prozent der Menschen weisen unterschiedliche Ausprägungen einer narzisstischen Persönlichkeitsstörung auf. Ohne ein gewisses Maß an „gesundem" Narzissmus ist ein erfolgreiches Leben nicht möglich. Schon der Selbsterhaltungstrieb beinhaltet einen gehörigen Grad an Narzissmus. Dies bringt auch der Volksmund zum Ausdruck: „Mein Hemd ist mir näher als der Rock", „Jeder ist sich selbst der Nächste" etc.. Die Grenze zwischen normalem, physiologisch notwendigem Durchsetzungsvermögen und pathologischem Narzissmus, ist nicht immer leicht zu ziehen.

Aber ganz ohne eine gewisse Ellbogentechnik sind Karrieren, ja die meisten Ziele, nicht erreichbar.

Traditionell unterscheiden Wissenschaftler verschiedene Haupttypen der narzisstischen Persönlichkeitsstörung:

- Der grandiose Narzissmus, der durch ein Übermaß an Selbstliebe gekennzeichnet ist
- Der verletzliche Narzissmus
- Der pathologische Narzissmus

Narzissmus hat in den USA seit den 70er-Jahren bei Jugendlichen ständig zugenommen. Allen Typen ist gemeinsam, dass sie nur sich selbst im Auge haben und dabei bemüht sind, ihr mangelndes Selbstvertrauen zu kaschieren. Der Begriff der narzisstischen Persönlichkeitsstörung (NPS) setzte sich zunächst in den USA durch, danach in Europa, und seit 1980 bestreitet niemand mehr deren Existenz (Hirigoyen, Marie-France[20]).

Eine der Haupterklärungen für den ansteigenden Narzissmus ist die antiautoritäre, alles zulassende Erziehung. In der westlichen Kultur wurde die Autorität der Eltern zunehmend geschwächt und den Kindern ein Stellenwert eingeräumt, der die narzisstische Struktur fördert.

Krankhafter Narzissmus kann mittels einer Bewertungstabelle des DSM (Diagnostic and Statistical Manual of Mental Disorders), dem internationalen Handbuch zur Klassifizierung von psychischen Störungen, evaluiert werden. (5. Auflage, 2013). (dt. Ausgabe: Diagnostisches und Statistisches Manual Psychischer Störungen, DSM-5, Göttingen, 2., korrigierte Auflage 2018)

Wesentlich erscheint mir, dass bei der Beurteilung von Persönlichkeitsstörungen gemäß dem Gebot der Berufsethik der American Psychiatric Association es **nicht** erlaubt ist, Ferndiagnosen zu stellen, ohne die Patienten bzw. Inkriminierten persönlich zu kennen.

Die Gefühlswelt des Narzissten ist meist oberflächlich und der „**Schein**" ist ihm wichtiger als das „**Sein**". Mir gegenüber äußerte einmal ein Narzisst, als wir über Bodybuilding sprachen, einen typische Bemerkung: **"Ich will ja gar nicht stark sein, es soll nur so aussehen, als ob ich stark wäre."**

Ein weiterer, ganz charakteristischer Wesenszug des Narzissten ist seine extreme **Kränkbarkeit** und seine **Unfähigkeit zu verzeihen**; selbst kleine seelische Verletzungen heilen lebenslang nicht aus. Ein Narzisst vergisst nie und verzeiht nie. Wer einmal einen Narzissten beleidigt hat, erhält keine Chance auf Wiedergutmachung.

Hierzu ein Beispiel:
Der Vater wollte seinem kleinen Sohn Gustav eine Freude machen und ging mit ihm auf eine Art Jahrmarkt, Leistungsmesse genannt, die zweimal jährlich in der Stadt abgehalten wurde und bei der viele Firmen ihre Produkte ausstellen, von landwirtschaftlichen Geräten über Möbel, Fahrzeuge, Teppiche bis zu Freizeiteinrichtungen und vieles andere mehr präsentieren.

Die besondere Attraktion für Kinder war ein kirmesartiges Areal mit Karussell, Hochschaubahn, Schießbuden etc. kurz „Vergnügungspark" genannt. Das ist für Kinder ein richtiges Highlight. Dies war auch der ausschließliche Grund, warum der Vater mit Klein-Gustav dorthin ging. Vater und Sohn freuten sich schon auf einen gemeinsamen vergnüglichen Nachmittag.

Leider aber war der Knirps an diesem Tag besonders lästig und gebärdete sich unausstehlich. Der Vater ermahnte ihn wiederholt und forderte Gustav immer wieder auf, sich ordentlich zu benehmen. Die Ermahnungen nützten gar nichts, der Sohn verhielt sich immer penetranter. Schließlich drohte der Vater, bemüht, seine Autorität zu wahren: *„Wenn du dich jetzt nicht endlich ordentlich benimmst, darfst du nicht Ringelspiel fahren"*. Auch das half nichts. Der Vater wiederholte seine

Mahnung mehrmals. Es nützte nichts! Der verärgerte Vater stand nun vor der Entscheidung, den Sohn trotz seines ungebärdigen Verhaltens Ringelspiel fahren zu lassen oder, um seine Glaubwürdigkeit nicht zu verlieren, mit dem Sohn ohne Ringelspielvergnügen wieder heimzufahren. Er entschied sich für Letzteres, da er meinte, konsequent sein und signalisieren zu müssen, dass der Sohn sich nicht alles erlauben könne, was auch für spätere ähnliche Situationen hilfreich hätte sein sollen. – Dumpf schweigend machten sich die beiden auf den Heimweg; dem Vater tat es wahrscheinlich mehr weh, als dem Sohn. Diese unerfreuliche Angelegenheit geriet beim Vater bald in Vergessenheit.

Aber der Sohn hatte nichts vergessen. Vierzig (!) Jahre später, anlässlich eines heftigen Streites, brüllte der erwachsene Gustav: „**Und nicht einmal Ringelspielfahren hast du mich damals lassen!**". Zuerst verstand der Vater gar nicht was sein erwachsener Sohn meinte. Der Sohn erinnerte ihn an die damalige Situation. – Ein Schock für den Vater, dass eine für ihn so unbedeutende Begebenheit über so viele Jahrzehnte unter der Oberfläche dahingeschwelt hatte, an der Seele des Kindes genagt hatte und ihre zerstörerische Wirkung noch vierzig Jahre später entfaltete; ein Ereignis, an das sich der Vater nur mühsam erinnern konnte, aber dem Kind immer präsent geblieben ist. **Narzissten vergessen nie!** Wie könnte man es besser formulieren als R. Haller: **„Gott verzeiht, ein Narzisst nie!"** (Haller[8], S. 99)

„Hauptkennzeichen narzisstischer Persönlichkeiten sind…..eine extrem egozentrische Einstellung und ein auffälliger Mangel an Einfühlung und Interesse für ihre Mitmenschen…..das Fehlen echter Gefühle von Traurigkeit, Sehnsucht, Bedauern;" Otto F. Kernberg,[21].

Andererseits kann sich der Narzisst aus Berechnung aber durchaus auch interessiert, verständnisvoll, charmant und Loyalität heuchelnd zeigen, allerdings nur oberflächlich, dient dies doch nur dem Ziel, gut dazustehen und der „Liebste" und „Beste" zu sein, sich also von seiner besten Seite zu präsentieren. Er kann sich unglaublich mitfühlend zeigen, so tun, als ob ihm das Gegenüber das Allerwichtigste sei und dessen Anliegen ihm zutiefst am Herzen lägen. Alles nur Show, um gut dazustehen.

20. MALIGNER NARZISSMUS

Der New Yorker Psychoanalyiker Otto F. Kernberg, prägte den Begriff **„maligner Narzissmus"**, welcher aus einer Kombination von narzisstischer Grundstruktur, antisozialem Verhalten, hochgradigem Aggressionspotenzial und einer ausgeprägten misstrauisch-paranoiden Haltung besteht. Diese misstrauisch-paranoide Einstellung des malignen Narzissten ist besonders gefährlich; er sieht „in den Mitmenschen überwiegend feindselige Wesen oder er spaltet sie auf in Idole und Narren." (Haller[8], S. 105). Dem bösartigen Narzissten geht es um die Entwürdigung des anderen Menschen.

„Der bösartige oder maligne Narzissmus mit seiner Gemütskälte und Menschenverachtung stellt das psychiatrische Korrelat für das >Böse< schlechthin dar." Haller R. (S. 21f) und weiter „Am Narzissmus scheitern Partnerschaften und Freundschaften, zerbrechen Ehen und Familien", und er ist oft Ursache dafür, wenn Narzissten die Eltern verlassen.

Beispiel:
Während einer heftigen Diskussion zwischen dem Vater im Beisein der Mutter und dem narzisstischen Sohn Herbert, wo es um gar nicht so wichtige Dinge ging, brüllte dieser plötzlich unvermittelt zum Vater: *„Was willst du eigentlich noch? Bist eh schon so alt, lebst eh nimmer lang! Wozu brauchst du eigentlich noch a Geld? Hast eh nix verstan-*

den vom Leben; was weißt du denn schon von Karma, Chakren…". In dieser Tonart ging es weiter, wobei Herbert ein gewaltiges Kauderwelsch kruder verschwörungstheoretischer Thesen und esoterischer Gedankengebäude vorbrachte, denen er zu dieser Zeit anhing. Es ging nicht mehr um das Streitthema, nicht mehr um logische Argumente, sondern er war nur auf bösartige Weise bestrebt, den Vater zu erniedrigen. Dem Vater schlug purer Hass entgegen und es tauchte als Hauptmotiv des Sohnes die immer stärker werdende intensive finanzielle Begehrlichkeit auf.

Für maligne Narzissten gibt es kein Mittelmaß. Sie denken und handeln in Extremen, sie urteilen in Schwarz-Weiß; jemand ist für sie oder gegen sie. Wegen ihrer extremen Empfindlichkeit und Kränkbarkeit, gepaart mit ihrer Aggressionsbereitschaft, verfallen sie oft in geradezu schrankenlose **narzisstische Wut.** Laut dem Psychoanalytiker Heinz Kohut[22] liegt diesem Verhalten Rache zugrunde. Die oft unverhältnismäßig heftigen Wutausbrüche dienen nur dem Zweck, das Gegenüber zu entwürdigen.

Ein Beispiel:
Ein Bekannter berichtete mir, dass er wegen einer Borreliose an fast unerträglichen Schmerzen im rechten Bein litt. Die Schmerzen waren so stark, dass er über lange Zeit arbeitsunfähig war, was einen Selbstständigen auch finanziell hart trifft. Er erwachte jede Nacht nach ca. drei Stunden Schlaf vor lauter Schmerzen und musste Schmerzmittel einnehmen, um weiterschlafen zu können. Nach zwei bis drei Stunden erwachte er abermals vor Schmerzen und musste wieder Schmerzmittel nehmen, um wieder Schlaf zu finden; und so ging das über viele Wochen. Der Freund konsultierte mehrere Orthopäden, ließ sich durchuntersuchen, alle Laborwerte erheben und alle anderen relevanten Untersuchungen (Röntgen, MRT etc.) durchführen. Niemand wusste einen Rat zur Besserung, die Ärzte verschrieben nur

immer stärkere Schmerzmittel. Der Freund war ziemlich verzweifelt und zuletzt wurden ihm sogar Morphinderivate verordnet.

Eine Besserung trat auch dadurch nicht ein. Als der Vater seinem Sohn Jakob sein Leiden schilderte und ihm mitteilte, dass ihm wegen der Schmerzen sogar Morphinderivate verordnet worden waren, erwartete er zumindest ein wenig Mitgefühl. Der Sohn aber brüllte anlässlich eines Wortwechsels nur mitleidlos: *„Du morphiumsüchtige Drecksau"*, ein typisches Beispiel **„narzisstischer Wut"** und **„Überflutung"**.

Der Begriff der „Überflutung" wurde von John Gottmann[23], Psychologe an der Universität von Washington, geprägt. Man bezeichnet damit eine im Partner gesehene überwältigende Negativität. Wer überflutet ist, kann nicht mehr objektiv wahrnehmen und klar reagieren; er greift auf primitive Reaktionen zurück. Bei diesen Wutanfällen fällt die Person in das Kleinkindstadium zurück. Die Überflutung ist eine sich selbst steigernde emotionale Entgleisung. Der Überflutete nimmt vom Anderen nur das Schlimmste an und deutet alles von der negativen Seite. Manche haben eine hohe Überflutungsschwelle, während andere schon bei geringer Kritik ausrasten. Es genügt z. B. dass ein Partner eine Aussprache vorschlägt, schon wird das als Kriegserklärung gewertet.

Sieht sich der Narzisst in wesentlichen Punkten seiner charakterlichen Strukturierung Egozentrik, Eigensucht und Empfindlichkeit zu wenig beachtet, gerät er in einen Spannungszustand, der sich bis zu extremer Wut, Hass und Rachsucht steigern kann. In weiterer Folge kann es eben zu dieser narzisstischen Überflutung und zum völligen Realitätsverlust kommen.

Und wie ging es bei Jakobs Vater weiter? Da die Orthopäden nicht helfen konnten, konsultierte der Vater mehrere Physiotherapeuten, wobei einer durch Bewegungsübungen eine gewisse Linderung der Beschwerden erzielen konnte. Da die Schmerzmedikamente keinerlei Besserung brachten, ließ mein Freund von heute auf morgen alle Analgetika weg. Von nun an konzentrierte er sich allein intensiv auf Bewegungsübungen, deren konsequente Durchführung die Schmerzen innerhalb relativ kurzer Zeit verschwinden ließen. Im Nachhinein wurde die Vermutung geäußert, dass es sich um einen Borreliose-Typ gehandelt haben könnte, der nur durch eine Liquorpunktion des Rückenmarks nachgewiesen werden kann, während die Blutuntersuchung negativ ist.

Dieser extreme Wutausbruch des Sohnes war Zeichen eines unbändigen Hasses, der rational nicht erklärt werden kann. Als der Vater seinen Sohn Jakob wiederholt fragte: „Warum **hasst** du mich so?" erhielt er nie eine Antwort, sondern nur eisiges Schweigen. Argumente wollte oder konnte er nicht liefern. Dem Narzissten ging es in erster Linie nur um Entwürdigung des Anderen, die tiefste und bösartigste Form der Kränkung. Später brach der Sohn jedweden Kontakt zur Familie ab, wozu ich meinem Bekannten nur **gratulieren** konnte.

Grundsätzlich muss gesagt werden: Es gab zu allen Zeiten Menschen, die einem guten, humanistischen Lebensziel nachstrebten und möglichst vermieden, Böses zu tun. Aber umgekehrt gab es auch in allen Epochen der Menschheitsgeschichte solche Mitbürger, denen es Freude bereitete, andere zu erniedrigen, zu dominieren, zu quälen und sogar zu töten. Während des Nazi-Regimes konnten solche Minusvarianten der menschlichen Gesellschaft in bestimmten Funktionen ihre niedrigen Instinkte ausleben. Man denke an die Schergen in den Konzentrationslagern; heute gibt es glücklicherweise diese Möglichkeit nicht, aber derartige Menschen befinden sich heutzutage genauso unter uns, sie können in unserer Gesellschaft ihre bösartigen Charakterzüge nur nicht ausleben und fallen daher kaum auf.

Einen extremen pathologischen Narzissmus kann man nicht heilen, denn dazu müsste der Narzisst in der Lage sein, seine Fehler zu erkennen, wozu er aber nicht fähig ist.

Narzissten können mit Wutanfällen reagieren, deren explosionsartige Heftigkeit für die Mitmenschen nicht nachvollziehbar ist. Diese Exzesse können damit erklärt werden, dass Narzissten jede Kritik als totale Ablehnung ihrer Person, als geradezu existenzbedrohende Niederlage ansehen. Kritik wird, sei sie noch so wohlmeinend und konstruktiv, als Feindseligkeit ersten Ranges empfunden. Das Gefühl einer Niederlage oder einer gefühlten Provokation ist so heftig, dass dies niemals vergessen werden kann. Für die Mitmenschen scheint es unerklärlich, weshalb ein Narzisst auch wegen Kleinigkeiten mit derartigen Wutausbrüchen und Hasstiraden reagiert.

Dolf Zillmann[24], Psychologe von der Universität Alabama, beschreibt als Auslöser für den Wutanfall die vom Mandelkern ausgelöste Katecholamin-Ausschüttung, die für eine akute Reaktion (Angriff oder Flucht) sorgt. Weitere von den Nuclei amygdalae ausgehende Reize können über den adrenokortikalen Zweig des Nervensystems zu einem länger anhaltenden erhöhten Erregungszustand des emotionalen Gehirns über viele Stunden führen. Ist der Körper bereits in einem gereizten Zustand, können schon geringfügige Anlässe zu einer emotionellen Explosion führen. Jeder weitere zornerregende Gedanke wird zu einem weiteren Auslöser für vom Mandelkern angetriebene Ausschüttungen von Katecholaminen, die die hormonale Wucht der vorangegangenen Ausschüttungen verstärken. Zorn boostert weitere Zornausbrüche. Zu diesem Zeitpunkt kann mit Menschen nicht mehr logisch argumentiert werden; sie denken nur mehr an Rache und Vergeltung, ohne irgendwelche Folgen zu bedenken. Wegen der fehlenden rationalen Urteilsfähigkeit greift der extrem erregte Mensch auf primitive Aggressionsformen zurück.

Durch diese Überflutung wird die Person jeder Möglichkeit klaren Überlegens beraubt, und daher können die Menschen in diesem Zustand nicht mehr klar denken.

Nach einer Abkühlungsphase kehrt der Körper wieder auf ein normales Aktivierungsniveau zurück; dies ist jedoch nur möglich, wenn man währenddessen nicht weiterhin den zornerregenden Gedanken nachhängt, denn jeder dieser Gedanken ist schon wieder ein Auslöser für eine weitere Anstachelung des Zorns.

Kommt es häufiger zu Überflutungen, kann dies zu einer negativen Grundstimmung führen, die das weitere Auftreten solcher Exzesse begünstigt. Der überflutete Mensch hat sich angewöhnt, vom Partner immer nur das Schlimmste zu denken und alles, was dieser tut, in einem negativen Licht zu sehen.

Grundsätzlich sieht der Überflutete nur zwei Möglichkeiten zu reagieren: mit Flucht (siehe Fugue, Seite 53) oder mit einem exzessiven Wutanfall.

Keine andere psychische Störung ist derart eng mit Kränken und Gekränkt-Sein, mit Selbsterhöhung und Entwertung anderer verbunden, wie der Narzissmus. Narzissten sind auf der einen Seite extrem empfindlich und in einer bis zur lebenslangen Unverzeihlichkeit reichenden Weise kränkbar; sie sind dünnhäutig, nachtragend und in nahezu schutzloser Weise verletzlich. Auf der anderen Seite sind Narzissten „Kränker" schlechthin, weil sie sich überhaupt nicht in andere Menschen einfühlen können und ihren Selbstwert rücksichtslos aus der Erniedrigung und Entwertung anderer schöpfen. Narzissmus kann als „Vater der Kränkung" bezeichnet werden und Narzissten als Meister der Kränkung.

Narzissmus passt heutzutage in den modernen Zeitgeist und wurde in allen Lebensgebieten etabliert. Es ist schick geworden nach sogenannter **Selbstverwirklichung** zu streben, ein Ausdruck der zumeist nichts anderes bedeutet, als rücksichtslosen Egoismus. Steht beim Narzissten die Empfindlichkeit im Vordergrund, spricht man von neurotischem Narzissmus.

Kränkungen können die allerschwersten Folgen nach sich ziehen. Letztlich waren sie sogar ursächlich am Ausbruch von Kriegen beteiligt. (Trojanischer Krieg: Raub der schönen Helena; Erster Weltkrieg: Attentat von Sarajevo; Zweiter Weltkrieg: Friedensvertrag von St. Germain nach dem Ersten Weltkrieg etc.)

Eine weitere typische charakterliche Eigenschaft des Narzissten neben der extremen Kränkbarkeit ist der Empathiemangel (siehe Kapitel 26). Unter **Empathie** versteht man die Fähigkeit, sich in andere Menschen hineinzudenken – also Einfühlungsvermögen – und damit die Dinge aus der Sicht des Anderen zu betrachten. Bei Auseinandersetzungen ist es dem Narzissten nicht möglich, die Betrachtungsweise des Andersdenkenden nachzuempfinden und verstößt damit auch gegen den ehernen Grundsatz jeder Rechtsprechung: „*Audiatur et altera pars*"; „*man höre auch die andere Seite*", denn jedem Urteil hat die Anhörung von Kläger **und** Angeklagtem vorauszugehen.

Erich Fromm[25], Psychiater, sagt: „*Der Narzissmus ist eine Leidenschaft von einer Intensität, die bei vielen Menschen nur mit dem Geschlechts- und Selbsterhaltungstrieb zu vergleichen ist.*" Er spricht von einer „unsichtbaren Mauer", die der narzisstische Mensch um sich erstellt, „er ist alles, die Welt ist nichts – oder er ist die Welt."
Dazu ist festzuhalten, dass grundsätzlich jeder Mensch gar nicht anders kann, als sich subjektiv als **Mittelpunkt der Welt** zu empfinden. Er agiert als Subjekt von seiner Warte aus mit der Umwelt. Die Natur

musste den Menschen mit einem erheblichen Maß an Narzissmus ausstatten, damit er überleben kann.

Doch im Laufe des Heranwachsens lernt der Mensch, welches Verhalten er den Mitmenschen gegenüber an den Tag legen kann und welches nicht. Der Narzisst verschiebt in der Verhaltensskala deren Grenzen weit in die Richtung zu seinen Gunsten, da er sich ja am höchsten und die anderen gering schätzt. Egoismus bedeutet, dass der Mensch nur zu seinem eigenen Vorteil handelt und die Nachteile, die dadurch für andere entstehen, bewusst ignoriert. Natürlich kommt kein Mensch ohne ein gewisses Maß an Egoismus durch das Leben, aber auch hier gilt: **die Dosis macht das Gift.**

Weiters konstatiert Erich Fromm, (zit. bei Haller**,** „Das Wunder der Wertschätzung, S. 114), „Narzissmus ist die erste Stufe in der menschlichen Entwicklung, und wer im späteren Leben auf diese Stufe zurückkehrt, ist unfähig zu lieben; im Extremfall ist er geisteskrank." Häufig ist der narzisstische Mensch derart verletzlich, dass man von einer geradezu paranoiden Geisteshaltung sprechen muss. „Er fühlt sich ständig attackiert, nicht ernst genommen, empfindet ein Gefühl mangelnder Wertschätzung. Er meint, zu wenig Liebe zu bekommen. Er sieht nicht die Würde des Menschen, sondern nur dessen Nutzen für seine eigenen Ansprüche. Mitmenschen werden nach ihrem Nutzwert beurteilt, inwieweit sie den Interessen des Narzissten dienlich sein können. Das übergroße Verlangen nach Zuwendung ist unerfüllbar. Alles kreist nur um ihn.

Der Narzisst braucht Lob und Bewunderung in überreichlichem Maße. Handlungen, die üblicherweise keines besonderen Lobes bedürfen, müssen beim Narzissten sehr bewusst gelobt werden, denn diese seelische Resonanz ist das tägliche Brot für die Selbstbestätigung des Narzissten. Eltern, die diesen Wesenszug des Narzissten nicht erkennen und mit Lob sparen, haben schlechte Karten, denn der Narzisst braucht ein Übermaß an Anerkennung.

Erhält er zu wenig Lob und Bewunderung, wird er sich noch mehr bemühen, die für ihn so wichtige Selbstbestätigung zu erreichen. Bleibt das Lob weiter unter seinen Erwartungen, wird er dies als feindseligen Akt empfinden. Zu wenig zu loben und bei Fehlern zu kritisieren, kann der Narzisst als Lieblosigkeit, ja als Angriff auf sein Ego bis zur Majestätsbeleidigung empfinden. Wenn Eltern die abnorme Kränkbarkeit des Narzissten nicht merken, kann dies zu immer größerer Entfremdung in der Familie führen, deren Ende der Familienabbruch sein wird. Der nicht verzeihende und auch zu keiner Aussprache bereite Narzisst wird Rachegedanken entwickeln, welche er durch den Familien-Crash stillen zu können glaubt. Ab einem gewissen Stadium des Beleidigt-Seins des Narzissten werden Aussprachen nicht mehr zielführend sein und vom Narzissten generell gemieden. Wohlmeinende versuchte Aussprachen werden per se schon als angriffig empfunden und vom Narzissten boykottiert. Statt mit neutralen Aussprachen einer Konfliktlösung näher zu kommen, entsteht durch nicht stattgefundene Aussprachen eine schweigende Anklage, die als Psychoterror bezeichnet werden kann.

Ein Narzisst kann die Stimmungen in seiner Umgebung durchaus erkennen. Seine Bewunderer wird er anerkennen, Kritiker wird er als Feinde betrachten und ihnen zunehmend mit tiefgreifendem Hass begegnen. Aussagen, die seine Ansicht untermauern, wird er als Bestätigung seiner Meinung anerkennen, Kritik wird negiert. Auch kennt der Narzisst im menschlichen Umgang kaum feine Abstimmungen; entweder der Andere ist für ihn, oder gegen ihn. Oft genügt schon ein Satz, der ihn so tief trifft, dass alles weitere nur als Angriff auf seine Person gewertet wird und der Andere wird wegen eines belanglosen Satzes zum Feind.

Bösartige Narzissten schaffen es nur sehr selten, ihre Persönlichkeitsstörung zu überwinden, daher besteht wenig Aussicht auf Besserung. Ihnen fehlt die Gabe der Selbstreflexion und die Möglichkeit der objektiven Beurteilung ihrer Handlungen. Für die Mitmenschen in ihrer Nähe gibt es oft nur eine einzige Möglichkeit, sich dem toxischen Einfluss zu entziehen: **Die Trennung!** Leider ist der endgültige Familienabbruch diesfalls die beste aller Lösungsmöglichkeiten, und die **verlassenen Eltern sollten erleichtert Adieu sagen!**

21. WERTSCHÄTZUNG UND ENTWERTUNG: ZWEI ANTIPODEN IM ZWISCHENMENSCHLICHEN BEZIEHUNGSSYSTEM

Diese beiden diametral entgegenstehenden Begriffe spielen eine überragende Rolle in allen zwischenmenschlichen Beziehungen und haben wesentliche Auswirkungen auf das familiäre Klima. Wertschätzung ist die Kraftnahrung für den positiven Umgang miteinander, während Entwertung nur negative Folgen zeitigen kann. Zur Entwicklung eines positiven Selbstwertgefühles bedarf es der Wertschätzung durch andere Menschen. Schon der Philosoph Friedrich Hegel (1770 – 1831) hat erkannt, dass sich Selbstbewusstsein hauptsächlich durch die Anerkennung durch andere entwickelt.

Wertschätzung darf nicht einseitig, sondern muss gegenseitig sein. Eltern müssen ihre Kinder wertschätzen und Kinder ihre Eltern. In der Pubertät, in der von Kinder alles hinterfragt wird, kommt von diesen oft nur negative Kritik bis zu schweren, entwertenden Anwürfen. Infolgedessen fällt es Eltern immer schwerer, trotz des beleidigenden Benehmens, Kinder wertzuschätzen. In der Sturm- und Drangperiode in der sich die Heranwachsenden befinden, werden Eltern oft sehr negativ bewertet und in dieser Phase der Rebellion lassen Kinder kein gutes Haar an den Eltern. Demgemäß fällt es auch Eltern weniger leicht, Lob und Wertschätzung auszusprechen. Hier ist durchaus das Sprichwort angebracht: „Wie man in den Wald hineinruft, so schallt es zurück!" Die Adoleszenten befinden sich in einem hormonellen Aufruhr, der die Eltern oft bis an ihre Toleranzgrenzen fordert; eine für beide Seiten sehr schwierige und oft konfliktbeladene Zeit. Die gegenseitige Kritik kann, wenn sie Grenzen überschreitet, zu einer emotionalen Abwärtsspirale führen und schließlich in einen Teufelskreis münden, der zu endgültiger Entfremdung von Eltern und Kindern führt.

Die Hauptverantwortung, dass es nicht zur Entfremdung kommt, tragen natürlich die Eltern, die bereits einen gewissen Reifungsprozess hinter sich haben und Vorbild sein müssen, das Ungestüme der Kinder ertragen und lenkend eingreifen müssen; das gelingt aber nicht immer. Fürsorgliche Eltern müssen ihren Kindern mit Liebe begegnen, dadurch fördern sie deren Selbstwertgefühl, und Loben ist unerlässlich!

Reinhard Haller[9], schreibt in seinem Werk „Das Wunder der Wertschätzung": „Wenn Eltern ihren Kindern mit Fürsorge und Liebe begegnen, fördern sie deren Selbstwertgefühl. Je beschützter sich ein Kind fühlt, desto höher wird seine Selbstsicherheit sein, und je tiefer es seine Geborgenheit empfindet, desto empathischer fallen später die eigenen Gefühlsreaktionen aus." (S. 13), und später: „Jeder Mensch braucht Wertschätzung, er ist auf Zuwendung und positive Emotionen angewiesen" (S. 26).

Empathie bedeutet echtes Verständnis für die Mitmenschen und Empfänglichkeit für die Gefühlslage anderer, sodass wir deren seelischen Zustand nachempfinden können.

Anlässlich einer Ehrung durch den ehemaligen Landeshauptmann der Steiermark, Josef Krainer sen., sind mir seine Worte in Erinnerung geblieben: „Man kann zu diesen Ehrungen stehen wie man will, aber ich habe noch keinen Menschen kennengelernt, der sich über solche Ehrungen nicht gefreut hätte!" Damit hat der Landeshauptmann klar zum Ausdruck gebracht, dass es die Wertschätzung ist, die z.B. hinter einer Titel- oder Ordensverleihung steht, die Anlass zur Freude gibt.

Wertschätzung bedeutet einen behutsamen, positiven Umgang mit anderen Menschen und basiert immer auf einem großen Maß an Empathie. Nicht Misstrauen dominiert, sondern eine positive Erwartungshaltung. Respekt als Teilaspekt der Wertschätzung bedeutet Anerkennung. Eltern und Kinder sollten stets mit gegenseitigem Respekt miteinander umgehen; Respektlosigkeit kann bald zu Verachtung führen und Verachtung zu Familienabbruch.

Die gegenseitige Wertschätzung wirkt sich in besonderem Maße auch für das Betriebsklima aus und ist die stärkste Motivation für Einsatzfreude im Beruf. Dies bestätigt eine Studie der Psychologieprofessorin Daniela Lohaus[26] von der Technischen Universität Darmstadt, in der gefragt wurde, was einen Arbeitgeber attraktiv mache. Als wichtigstes Kriterium wurde Anerkennung und Wertschätzung angegeben. Die Entlohnung wurde erst an siebenter Stelle gereiht. Die Publikation datiert aus dem Jahr 2013, inzwischen dürfte die Wichtigkeit des Finanziellen doch weiter angestiegen sein.

Auch in anderen Studien wurde bestätigt, dass die Produktivität in einem wertschätzenden Arbeitsklima um mehr als 20 Prozent höher lag. In einer Studie „Kraftwerk Anerkennung"[27] wurde als erste Folge mangelnder Wertschätzung die sinkende Einsatzbereitschaft der Mitarbeiter genannt. In dieser Studie wurde auch festgestellt, dass eine beträchtliche Diskrepanz in der Einschätzung der Häufigkeit des gespendeten Lobs zwischen den Lob erwartenden Mitarbeitern und den lobenden Vorgesetzten bestand. Während über 80 Prozent der leitenden Führungskräfte meinten, häufig zu loben, fanden 60 Prozent der Mitarbeiter, dass sie nur selten gelobt wurden. Anerkennung ist der Gegenpol zu Respektlosigkeit, und der französische Schriftsteller und Philosoph Voltaire (1694-1778) formulierte: „Anerkennung ist ein wundersames Ding: sie bewirkt, dass das, was an anderen hervorragend ist, auch zu uns gehört." (zit. bei Haller, „Das Wunder der Wertschätzung, S. 67).

Der Selbstwert wird durch uns selbst bestimmt. Wird er zu hoch angesetzt und haben wir dadurch besonders hohe Erwartungen, kann das gefährlich sein. Wenn das hohe Selbstwertgefühl nicht mit der Einschätzung durch andere korreliert, kann dies durch die unterschiedliche Bewertung zu herben Enttäuschungen, feindseliger Stimmungslage und Konflikten führen. Bei Narzissten (siehe Kapitel 19) sind diese Friktionen vorprogrammiert.

Manche Heranwachsende mit sehr hohem Selbstwertgefühl lechzen permanent nach Bestätigung ihres Selbstwertes; erfolgt dies ihrer Ansicht nach in unzureichendem Maße, versuchen sie diesen Mangel zunächst durch erhöhten Einsatz auszugleichen.

Werden ihre Erwartungen auch dann nicht erfüllt, entstehen frustrationsbedingt Enttäuschungen, die sich bis zu Hassgefühlen steigern können. Das Selbstwertgefühl muss permanent reguliert und eine Balance zwischen der subjektiven Beurteilung und der Bewertung durch die Umgebung abgeglichen werden; dazu bedarf es einer aktiven Leistung des Betroffenen. Diese Selbstwertregulierung gelingt unterschiedlich gut. Leistungsorientierte Menschen tun sich dabei schwerer und stehen unter ständigem Druck nach Anerkennung, der auf die Dauer zu psychosomatischen Störungen führen kann. Solche Menschen gieren nach Lob, negativ empfundene Kritik wird schlecht vertragen und chronische Frustrationen, Unsicherheit und angstvolle Überanpassung können zu Depressionen und Hassgefühlen gegenüber jenen Personen führen, die ihnen zu wenig Anerkennung zollen.

Herwig Scholz und Hans Georg Zapotoczky[28] berichten, dass, wenn Selbstwertkrisen durch Überanpassung zu überwinden versucht werden, dies zu einer permanenten Stressbelastung führt. Besonders solche Menschen sind betroffen, die sehr hilfs- und leistungsbereit sind und sich immer unterordnen, um Reibungswiderstände zu vermeiden. (Scholz, Zapotoczky: „Manual zur mehrdimensionalen Therapie der Depressionen", Verlag Kohlhammer, www.selbstwert-manual-scholz.com)

Ein Bekannter berichtete mir einmal von einem besonders dienstbeflissenen Mitarbeiter, der extrem darauf bedacht war, ihm übertragene Aufträge so raschestmöglich zu erledigen, dass die anderen Mitarbeiter sagten: „Der muss auf *Speed*" sein", einer leistungssteigernden Droge. Dann kann es sein, wenn der überaus Beflissene seine Leistung auf das normal übliche Niveau reduziert, dies als Schwäche ausgelegt wird. Diese Abhängigkeit des eigenen Selbstwertes von der Meinung anderer wird als **Dependenz** bezeichnet.

Der Psychiater Joachim Bauer[29] sagt: „Unser Gehirn giert nach Anerkennung". Lob und Anerkennung lösen im Gehirn ähnliche Vorgänge aus, wie der Konsum von Drogen, welcher unter anderem eine vermehrte Ausschüttung von Dopamin bewirkt."

Zusätzlich steigt durch Anerkennung die Produktion von Oxytocin (dem „Kuschelhormon"), wodurch ein Glücksgefühl entsteht, das biologisch nachweisbar ist. Oxytocin macht uns auch vertrauensvoller.

Benjamin Franklin meint pointiert: „Schreib Kränkungen in den Staub, Wohltaten in den Marmor". Das ist aber nicht so einfach, denn es entspricht eher der menschlichen Natur, das Gegenteil zu tun. Wohltaten und Lob werden schnell vergessen, Kränkungen aber jahrelang nachgetragen.

Von Sir Francis Bacon (1561-1626), englischer Philosoph und Staatsmann, ist der Ausspruch überliefert: „Nicht die Glücklichen sind dankbar, es sind die Dankbaren, die glücklich sind".

Dankbarkeit inkludiert normalerweise Wertschätzung. Ich kenne einige Fälle, wo Dankbarkeit sehr wohl angemessen gewesen wäre, aber der weitere Kontakt zu dem Wohltäter vermieden wurde, so als ob Dankschuldigkeit eine unangenehme Belastung sei, eben eine Schuld, an die man sich nicht gerne erinnert. In solchen Fällen kam es manchmal sogar zum totalen Kontaktabbruch, ohne dass es irgendeinen anderen Anlass zum Kontaktabbruch gegeben hätte. Je dankschuldiger sich manche unterstützte Person fühlt, desto strikter wird die Kontaktvermeidung eingehalten. Dies ist sicher auch eine wesentliche Motivation bei einem Familienabbruch.

Kränkungen sind das Gegenteil von Wertschätzung, wobei die Kränkungsgrenzen beachtet werden müssen, mit Empathie vorgegangen werden muss; dazu gehört die empathische Auslotung der Zumutbarkeit der Kränkungen. Nicht aufgearbeitete Kränkungen können ihre zerstörerische Wirkung im Verborgenen entwickeln und über eine sehr lange Zeit, in manchen Fällen jahrzehntelang nachwirken.

Wiederholte Kränkungen addieren sich. Es verhält sich ähnlich wie bei der Röntgenstrahlen-Exposition. Die Einzeldosis mag gering sein, aber die Summation führt zur Schädigung. Leider gibt es keine Gefühls-Dosimeter, welche die Schädigungsdosen objektiv messen und summieren könnten; jeder Mensch verfügt nur über ein individuelles, subjektives Kränkungstoleranzkonto. Überschreitet die Summe der Kränkungen ein gewisses Limit, können auch an sich geringfügige Kränkungen einen großen Schaden auslösen. Oft entladen sich diese Spannungen erst nach Jahren. Das Fass läuft über.

Eine Einschätzung des Kränkungspotentials kann durch Außenstehende kaum vollzogen werden, denn die Empfindung und Wirkung der Kränkung unterliegt ausschließlich der Beurteilung durch den Gekränkten. Da eine Kränkung umso mehr trifft, je näher das Verhältnis zwischen Täter und Opfer ist, wiegen Kränkungen in der Familie besonders schwer.

Narzisstische Aggressionen haben dort ihre Grenze, wo durch massive Aggressionen die Integrität des Opfers angegriffen wird; da kann es schon auch möglich sein, dass infolge einer notwendigen Abgrenzungsstrategie sogar ein Polizeieinsatz ausgelöst werden muss, um den Aggressor zur Vernunft zu bringen.
Die Ursachen der Entwertungen sind in den meisten Fällen in **Neidgefühlen** des Aggressors begründet, der meint, durch die Erniedrigung und Ehrabschneidung des anderen eine Selbsterhöhung zu erreichen. Der Psychiater Otto Kernberg meint, dass durch die Entwertung anderer der eigene Neid abgemildert wird. Durch das Schlechtmachen der beneideten Person und ihrer Leistungen, ist die eigene Missgunst leichter zu ertragen. R. Haller[30] präzisiert: „Neid - die Triebfeder aller Entwertungen". Und zitiert man die Bibel, kann man sagen: „Aus Neid geschah der erste Mord." (Kain und Abel).

Joseph Epstein, amerikanischer Essayist[31] , meint pointiert: Neid ist die böseste Todsünde und die einzige, die keinen Spaß macht!

Destruktiver Neid kann sich auf vielerlei Art manifestieren.

So wurde mir erzählt, dass der narzisstische Sohn Leonhard anlässlich einer Meinungsverschiedenheit seinem Vater in entwertender Absicht und vor allem ohne jeden Zusammenhang mit dem Diskussionsthema zynisch entgegenschleuderte: **„Die anderen lachen ja nur über dich!"**. Diese aus der Luft gegriffene Behauptung erfolgte nur deshalb, weil Leonhard die sachlichen Argumente ausgegangen waren. Dieser Anwurf ist ein typisches „Argumentum ad personam". Darunter versteht man das Vorbringen eines Scheinarguments als entwertenden, persönlichen Angriff auf den Diskussionspartner, welches mit dem Inhalt der Diskussion gar nichts zu tun hat. Es ist das letzte Mittel des Narzissten in einem Streitgespräch, wenn er merkt, dass der Gegner überlegen ist und bessere Argumente hat und die eigene Niederlage vorauszusehen ist, ein Gespräch zu beenden. Der Narzisst will seiner Meinung entgegenstehende Ansichten nicht verstehen, daher entwertet er sie.

Dabei war der Attackierte in diesem konkreten Fall ein mit großer Mehrheit gewählter Vorsitzender seiner Berufsgruppe und erfreute sich größter Anerkennung und Beliebtheit. Leider wurde ihm von verschiedenen Seiten wiederholt berichtet, dass sich dieser Narzisst häufig in diffamierender Weise zynisch über ihn äußerte. Zynismus ist eine versteckte Form der Aggression und drückt Abwertung und Verachtung aus.

In einem anderen Fall grüßte die Tochter ihre Mutter nicht mehr, und ging wortlos in einem Meter Abstand an ihr vorbei, wenn sie sich auf der Straße trafen. Darin liegt nicht nur mangelnde Wertschätzung, sondern reines Mobbing. Das „beredte Schweigen" drückt tiefe Missachtung aus und kann zu verheerenden Folgen führen. Der griechische Staatsmann und Dichter Sophokles (ca. 496-406 v.Ch.), meint dass: „allzu tiefes Schweigen ebenso unheilbringend ist, wie das törichte laute Schreien." (zit. bei Haller[8], S. 107)

Mobbing kann viele Formen annehmen:

- Hinter dem Rücken schlecht über jemanden reden
- Lächerlich machen
- Verleumden
- Nichtteilnahme an Teamgesprächen
- Abwertende Gesten
- Anschreien
- Kontaktverweigerung
- Schweigen

Durch eisiges Schweigen wird oft die letzte Chance zur Rettung von Beziehungen zwischen Eltern und Kindern vertan.

Mobbing kann in alle Richtungen ausgeübt werden; vom Höhergestellten nach unten, von unten nach oben oder unter Gleichgestellten.

Ein wesentlicher Charakterzug des Narzissten liegt in der Entwertung anderer. Der Narzisst wägt widersprechende Meinungen nicht ab, er urteilt ohne zu reflektieren. Sein Urteil ist nicht anfechtbar. Da er die Ansichten seiner Mitmenschen, die anderer Meinung sind, nicht anerkennen will, müssen diese entwertet werden.

Der Psychotherapeut Jörg Eikmann[2] (S. 22) berichtet aus seiner über 40jährigen Praxis, dass ihm immer wieder bei den Schilderungen der Jüngeren auffällt, wie sehr diese von der Richtigkeit und Rechtmäßigkeit ihrer Entscheidungen (z.B. dem Abbruch) überzeugt sind und die Eltern die „Bösen vom Dienst" sind, die sich nicht erwartungsgemäß verhalten haben. „Und darum müssen sie bestraft werden" („Eltern – das war´s", Warum Kinder plötzlich gehen. Books on Demand GmbH, Norderstedt).

Der Narzisst will, indem er andere Menschen erniedrigt, sich selbst erhöhen. Er kann dies am einfachsten tun, indem er andere, mit wüsten verbalen Attacken – auch unter der Gürtellinie – angreift. Die verbalen Attacken narzisstischer Kinder auf Eltern sind ein Paradebeispiel dafür. Keinen anderen Personen gegenüber können sich narzisstische Kinder ärgere Entgleisungen erlauben, als gegenüber den Eltern. Auch wenn die Kluft zwischen Kindern und Eltern schon unüberbrückbar geworden ist, werden diese trotz massivster Beschimpfungen nicht gegen ihre Kinder gerichtlich vorgehen. Dies wissend, wird sich der Sohn oder die Tochter keine Zurückhaltung auferlegen und ihren Hasstiraden freien Lauf lassen, da mit keiner Sanktion gerechnet werden muss.

Auch wenn man völlig anderer Ansicht ist als der Streitpartner, sollte man diesen immer noch wertschätzen; dies bezeichnet man als **Objektkonstanz.** Über diese Gabe verfügt der Narzisst nicht.

Narzissten können gut austeilen, aber nicht einstecken. Kritik wird von Narzissten generell sehr schlecht vertragen. Sie fühlen sich schon bei positiver Kritik bloßgestellt und reagieren unbeherrscht bis zur blinden Wut, die mit Rachegefühlen und Aggressivität einher gehen kann. Auch die leiseste Kritik kann für den Narzissten unverzeihlich sein und wirkt Jahre nach. Sie sinnen auf Rache und sie berichten voller Stolz über von ihnen getätigte Vergeltungsmaßnahmen.

22. PARANOIDE PERSÖNLICHKEITSSTRUKTUR

Unter einer paranoiden Persönlichkeitsstörung versteht man eine Geisteshaltung, die durch erheblich gesteigertes Misstrauen bis zu Wahnvorstellungen gekennzeichnet ist. (Klassifizierung nach der medizinischen Einteilung ICD-10 der WHO 2019: F 60.0). Es besteht die Neigung, ständig feindselige Tendenzen gegenüber der eigenen Person zu vermuten, auch wenn es sich um völlig neutrale Begebnisse handelt.

Eine narzisstische Persönlichkeitsstörung geht oft mit einer paranoiden Haltung einher. Hervorstechendes Merkmal der paranoiden Geisteshaltung ist die Neigung, neutrale oder freundliche Gespräche oder Handlungen anderer als feindselig zu interpretieren. Dies resultiert aus einem grundsätzlichen Misstrauen, welches in der Fehlinterpretation der gut gemeinten aber bösartig empfundenen Handlung ihre Bestätigung findet.

Der Narzisst fühlt sich verfolgt, obwohl keine Verfolgungsabsicht vorliegt; er fühlt sich entwürdigt, obwohl der Äußerung keinerlei entwürdigende Absicht zugrunde lag. Der Narzisst empfindet minimale Kritik schon als schweren Angriff auf seine Person. Er fühlt sich grundlos verfolgt. Schon in der Kindheit können paranoide Wesenszüge festgestellt werden.

Dazu ein Beispiel:
Der Vater spaziert mit seinem 8-jährigen Sohn Manfred auf der Straße. Auf der anderen Straßenseite geht eine Familie mit einem etwa gleichaltrigen Kind. Die Blicke der beiden Kinder treffen sich. Verstört sagt der irritiert wirkende, geradezu verängstigte Sohn zu seinem Vater *„Was ist los mit dem?"* (dem anderen Kind). Vater: *„Was soll los sein?"* Manfred: **„Der schaut schon so"**! Der Vater sieht genauer hin und findet nichts Auffälliges am Verhalten des anderen Kindes. Vater: *„Ich seh´ nichts Besonderes, irgendwo muss er ja hinschauen."* Sohn agitiert, fast panisch: **„Nein, der schaut schon so"**!! Manfred empfindet also durch den alleinigen Blickwechsel schon eine erhebliche Aggression. Der Vater konnte nichts Ungewöhnliches erkennen und maß der Begebenheit keine weitere Bedeutung zu. Erst viel später, als der narzisstisch-paranoide Wesenszug des Kindes immer deutlicher zutage trat,

konnte der Vater diese Begebenheit als Symptom einer beginnenden Persönlichkeitsstörung deuten: eine ausgeprägte narzisstische Überempfindlichkeit, die sich später bei Manfred immer mehr steigerte.

Narzisstische Kinder zeigen von klein auf eine auffällige Empfindlichkeit gegenüber vermeintlichen Kränkungen und sind besonders fordernd was Zuneigung, Lob und Selbstbestätigung betrifft. Müssen sie eine Kränkung hinnehmen, vergessen und verkraften sie diese ein Leben lang nicht (siehe Gustav, S. 66).

Ein weiteres Beispiel:
Die große Leidenschaft des Sohnes Konrad waren PS-starke Motorräder; der Vater konnte diese Leidenschaft nicht teilen und sah vielmehr die Unfallgefahr an vorderster Stelle. Der Sohn wusste, dass der Vater mit den Rennmaschinen keine Freude hatte. Zu jenem Zeitpunkt war das Verhältnis zwischen Vater und Sohn schon so weit unterkühlt, dass es schwierig war, ein Gespräch zu beginnen. Der Vater dachte, dass es günstig sei, gerade über Motorräder – dem Hobby des Sohnes – ein freundliches Gespräch in Gang zu setzen.

Als er seinen Sohn an einem seiner Motorräder, der Kawasaki, im Garten schrauben sah, ging er auf ihn zu und stellte eine banale Frage über Motorräder, um sein Interesse zu bekunden und ein entspanntes Gespräch zu starten. Diesen Versuch interpretierte Konrad ganz anders. Er sah in dem Versuch der Gesprächsanbahnung eine Provokation und fühlte sich möglicherweise sogar gehänselt. Das vom Vater initiierte Gespräch konnte doch nur bösartig motiviert sein. Sofort begann der Sohn den Vater mit einer aggressiven und mit Verbalinjurien gespickten Schimpfkanonade zu attackieren (siehe narzisstische Überflutung). Auch alle späteren Versuche des Vaters, doch noch ein besseres Verhältnis wiederherzustellen, schlugen fehl. Wenn bereits emotionale Eiszeit herrscht, ist der größte Teil des „Gefühlsterrains" schon verloren.

Ein abermaliger Versuch des Vaters, die Eiszeit mit seinem Sohn zu beenden, scheiterte: Zu einem späteren Zeitpunkt sah er den Sohn in der Garage an der Verkleidung eines Motorrades arbeiten und startete abermals einen Gesprächsversuch; auch hier wurde das Gegenteil von dem erreicht, was der Vater beabsichtigte. Wieder kam es zu einem Eklat! Dabei war keinerlei Böswilligkeit seitens des Vaters im Spiel, sondern stets nur der Versuch einer freundlichen Gesprächsanbahnung. Der Sohn aber konnte gemäß seiner paranoiden Persönlichkeitsstörung jeden Versuch einer freundlichen Kontaktaufnahme nur mehr feindselig interpretieren. Hätte der Sohn diesen Kontaktversuch wenigstens neutral gesehen und wäre es zu einem Gespräch gekommen, hätte vielleicht manches geklärt werden können. So aber war der totale Familiencrash nicht mehr weit.

Die paranoide Persönlichkeitsstörung ist durch eine verzerrte Wahrnehmung der Umgebung gekennzeichnet, welche in Richtung Feindseligkeit verschoben ist. Folge ist, dass der Paranoiker seiner Umgebung teils mit ängstlichem Misstrauen, teils mit aggressivem Verhalten begegnet. Generell ist die paranoide Persönlichkeitsstörung durch eine übertriebene Empfindlichkeit und erhöhte Kränkbarkeit gekennzeichnet. Kritik wird als verächtlich und feindlich interpretiert. Paranoiker neigen zu besonderer Egozentrik und nähern sich dadurch sehr der narzisstischen Persönlichkeitsstörung.

Gemäß ICD-10 Codifizierung müssen bei der paranoiden Persönlichkeitsstörung mindestens vier der folgenden Eigenschaften oder Verhaltensweisen vorliegen:

1. Übertriebene Empfindlichkeit gegenüber Zurückweisung;
2. Neigung, dauerhaft Groll zu hegen, das heißt subjektiv erlebte Beleidigungen, Verletzungen oder Missachtungen werden nicht vergeben;

3. Misstrauen und eine anhaltende Tendenz, Erlebtes zu verdrehen, indem neutrale oder freundliche Handlungen anderer als feindlich oder verächtlich missdeutet werden;
4. Streitbarkeit und beharrliches, situationsunangemessenes Bestehen auf eigenen Rechten;
5. Häufiges ungerechtfertigtes Misstrauen hinsichtlich der sexuellen Treue des Ehe- oder Sexualpartners;
6. Ständige Selbstbezogenheit, besonders in Verbindung mit starker Überheblichkeit;
7. Häufige Beschäftigung mit unbegründeten Gedanken an Verschwörungen als Erklärungen für Ereignisse in der näheren oder weiteren Umgebung.

Bei der paranoiden Persönlichkeitsstörung handelt es sich um ein tiefgreifendes Misstrauen und Argwohn gegenüber anderen, so dass deren Motive als böswillig ausgelegt werden. Der Beginn liegt zumeist im frühen Erwachsenenalter, und das Muster zeigt sich in verschiedenen Situationen. Mindestens vier der folgenden Kriterien müssen erfüllt sein:

- Verdächtigt andere ohne hinreichenden Grund, von ihnen ausgenutzt, geschädigt oder getäuscht zu werden.
- Ist stark eingenommen von ungerechtfertigten Zweifeln an der Loyalität und Vertrauenswürdigkeit von Freunden oder Partnern.
- Vertraut sich nur zögernd anderen Menschen an, aus ungerechtfertigter Angst, die Informationen könnten in böswilliger Weise gegen ihn/sie verwendet werden.
- Liest in harmloe Bemerkungen oder Vorkommnisse eine versteckte, abwertende oder bedrohliche Bedeutung hinein.
- Ist lange nachtragend (d.h. verzeiht vermeintliche Kränkungen, Verletzungen oder Herabsetzungen nicht).

- Nimmt Angriffe auf die eigene Person oder das Ansehen wahr, die anderen nicht so vorkommen, und reagiert schnell zornig oder startet einen Gegenangriff.
- Verdächtigt wiederholt ohne jede Berechtigung den Ehe- oder Sexualpartner der Untreue.

Der Paranoiker denkt sich die Welt schlecht.
Dazu Paul Watzlawick[32], der in seiner Schilderung vom Mann mit dem Hammer ein treffendes Beispiel geliefert hat:

Ein Mann will sich bei seinem Nachbarn einen Hammer ausleihen. Auf dem Weg zum Nachbarn malt er sich aus, mit welchen Ausreden und Begründungen der Nachbar ihm die Bitte abschlagen könnte und den Hammer nicht leihen wird. Er steigert sich derartig in sein Gedankengebäude hinein, dass er dem ahnungslosen Nachbarn, als dieser ihm die Tür öffnet, wütend entgegenschleudert: *"**Behalten Sie Ihren Hammer, Sie Rüpel!**"*

23. ERHÖHTE ANSPRUCHSHALTUNG

Narzissten haben eine erhöhte Anspruchshaltung: Das in umsorgter, behüteter Kindheit aufgewachsene narzisstische Kind, für das die Eltern ihr Bestes gegeben haben, wird auch im Erwachsenenalter alles erwarten, ohne dafür Gegenleistungen oder Wertschätzung in Erwägung zu ziehen. Narzissten steht alles zu, während eine Gegenleistung zu verlangen für sie eine unerhörte Forderung darstellt und zur Quelle des Hasses werden kann. Alles, was man ihnen Gutes tut, ist selbstverständlich; wird von ihnen etwas verlangt, kommt dies einer Majestätsbeleidigung gleich. **Nur kriegen, nichts geben!**
Ein banaler, aber ganz typischer Fall erhöhter narzisstischer Anspruchshaltung wurde mir von Herrn B. berichtet, der mit seinem

Sohn einen Betrieb gemeinsam führte, nachdem er große Teile der Firma an seinen Sohn übergeben hatte. Die Räumlichkeiten und Betriebsanteile waren zwischen den (damals noch) Partnern genau aufgeteilt. Da der Bodenbelag in dem Raum, der vereinbarungsgemäß vorwiegend vom Sohn Norbert benutzt wurde, schon sehr unansehnlich war, schlug der Vater vor, diesen zu erneuern. Dazu muss gesagt werden, dass der Austausch des Bodenbelages kein einfaches Unterfangen war, da mehrere ca. 100 kg schwere und sperrige Geräte und Möbelstücke in einen anderen Raum gebracht werden mussten, damit ein neuer Boden verlegt werden konnte. Die Renovierung musste, um den laufenden Betrieb nicht zu stören, in die Urlaubszeit verlegt werden.

Der Seniorchef, Herr B., schlug vor, das Ausräumen während der Urlaubszeit des Betriebes gemeinsam in Eigenregie durchzuführen. Der Juniorchef meinte, der Einfachheit halber den alten Bodenbelag um die Möbel und schweren Standgeräte herum einfach auszuschneiden, dann könne das mühevolle Ausräumen und Wiedereinräumen unterbleiben. Dem Senior gefiel diese Lösung nicht, da bei späterer Umstellung der Möbel die im Bodenbelag ausgeschnittenen Flächen zum Vorschein kommen würden; eine andere Aufstellung von Geräten oder Möbeln wäre somit unmöglich. Während der Sohn seinen Urlaub antrat, machte sich der recht fitte Senior persönlich an die schweißtreibende Arbeit, wobei ihm Angestellte Hilfe leisteten. Der neue Boden konnte sachgemäß verlegt werden und der Senior räumte das Arbeitszimmer des Sohnes wieder ein. Als Norbert vom Urlaub zurückkam, war sein Zimmer wieder in bester Ordnung.

Jetzt kommt das Überraschende: Der Sohn stellte an die Chefsekretärin allen Ernstes die Frage: *„Soll ich mich bedanken?"*. Verwundert antwortete die Sekretärin: *„Ich täte das schon"*. Am nächsten Tag lag ein Zettel auf dem Schreibtisch auf dem lapidar das Wort „Danke" stand. Der Junior wollte schon damals jeden persönlichen Kontakt mit dem Vater strikt vermeiden. Er war sich gar nicht sicher gewesen, ob er Dank bekunden sollte, denn einem Narzissten steht ja ohnedies alles selbstverständlich zu.

„Erwarten Sie von einem Narzissten niemals Dank; wenn sie Dankbarkeit wollen, kaufen Sie sich einenHund!"", soll der Staatsmann Marcus Tullius Cicero (106-43 v. Chr.) gesagt haben. *„Außerdem können Sie sicher sein, ein Hund beißt niemals die Hand, die ihn füttert."*

In der Pubertät sind Kinder besonders anfällig für Narzissmus. Pubertierende suchen oft Rat und seelischen Zuspruch bei Gleichaltrigen; diese befinden sich oft in ähnlichen Situationen und können einander gut verstehen. Sie schütten einander ihr Herz aus und finden Trost. Jeder Pubertierende hört gerne, dass er so toll ist, viel toller als Vater oder Mutter. Das geht geschmeidig ins Ohr und sie fühlen sich verstanden. Daher geht von Jugendgruppen, Vereinen Gleichgesinnter, Heilslehren, Esoterikern, absurden Religionsgemeinschaften, Banden etc. so eine große Faszination aus. Werden die Jugendlichen schon von den Eltern nicht verstanden, in diesen Gemeinschaften finden sie die gesuchte Bestätigung.

Manche hasserfüllte Narzissten können sich in Exzesse so weit hineinsteigern, dass es dem Gegenüber einmal zu viel wird. Mir wurde der Fall eines Narzissten (Otto) berichtet, der seinem Vater sogar brüllend das Betreten des elterlichen Anwesens verbot, also jenes Hauses, in dem ihn die Eltern großgezogen hatten und das Otto als Erwachsener fallweise zur Nächtigung als Zweithaus nutzte. In seiner hasserfüllten Verblendung hatte der Sohn die Tatsache vergessen, dass das Haus ja gar nicht ihm gehörte.

Der Vater ließ sich das Betreten des Grundstückes natürlich nicht verbieten und immer wieder kam es zu Beschimpfungen durch den

Sohn. Auf die wiederholten Aufforderungen des Vaters, die Hasstiraden einzustellen, reagierte der Sohn mit noch mehr Aggression, bis der Vater mehrmals erklärte, dass er keinen anderen Ausweg mehr sähe, als die Polizei zu verständigen, um diesem Spuk ein Ende zu bereiten. Da der Sohn glaubte, dass diese Ankündigung wohl nur eine leere Drohung sei, steigerte er seine Aggressionen noch weiter, worauf der Vater sich genötigt sah, tatsächlich die Polizei zu rufen. Diese kam, die Situation beruhigte sich, aber die Majestätsbeleidigung des Narzissten war perfekt. Der Monate später stattfindende endgültige Familienabbruch war nur noch der letzte Akt einer zerrütteten Familiensituation zwischen diesem Kind und den Eltern.

Die bis zum Abbruch vergehende Zeit wurde vom Sohn, den der Vater zum Teilhaber seiner Firma gemacht hatte, nur dazu benützt, um Vorbereitungen für den Crash zu treffen, wobei er versuchte, möglichst vieles – insbesondere sensible Daten – illegal aus der bisher gemeinsam geführten Firma zu entwenden. Zum Schluss demaskierte sich Otto endgültig mit der hasserfüllt gebrüllten, vor Zeugen getätigten Aussage: *„Ich werde dir schaden, wo ich nur kann!"*. (Siehe Kapitel 41: Protokoll eines Abbruches).

Der Sohn wollte nicht nur die völlige Trennung von der Familie, sondern auch seinen Vater existenziell vernichten! Der Familienabbruch durch den Sohn erwies sich aus späterer Perspektive betrachtet, als das Bestmögliche für die Eltern; die Trennung hätte nur schon viel früher stattfinden sollen. Von einer Person mit einer derartig bösartigen, narzisstischen Persönlichkeitsstörung sollte man sich möglichst rasch trennen. Oft erkennt man aber die Toxizität erst sehr spät oder will sie einfach nicht wahrhaben.

In solchen Hassexzessen verlieren kontaktabbrechende Narzissten manchmal jeglichen Sinn für die Realität und die weiteren Folgen. Im oben geschilderten Fall waren beträchtliche Vermögenswerte vorhanden und da in der Familie mehrere Kinder vorhanden waren, ergaben sich auch entsprechende erbrechtliche Konsequenzen. Aber dies war Otto wohl egal. Jede Kritik, auch wenn sie nur dem Erörtern verschiedener Meinungen dienen soll, empfindet ein Narzisst als Angriff, auch wenn sie positiv gemeint ist. Narzissten sind im allgemeinen leicht zu begeistern und bilden sich schnell ein Urteil, das sie für absolut richtig erachten; werden in einer auch wohlgemeinten Diskussion andere Betrachtungsweisen vorgebracht, werden diese nicht neutral und wertfrei beurteilt, sondern als Angriff eingestuft.

Es ist also für Eltern narzisstischer Kinder sehr schwierig, zu erziehen und für die unweigerlich kommenden Kränkungen im Leben vorzubereiten, ohne als lieblos oder sogar feindselig angesehen zu werden. Die Toleranzbreite, die Resilienz narzisstischer Kinder, ist gering und wenig belastbar. Durch diese, in ihren Ausprägungen natürlich sehr verschiedene Persönlichkeitsstörung, werden Zusammenleben und Erziehung zum Hindernislauf. „Die Familie ist ein Schlachtfeld" meint Kai Bussmann (Kriminologe von der Univ. Halle/Saale, zit. bei Jörg Eikmann, „Eltern – das war´s",[33] und[34]), und er meint weiter, dass es kaum einen gefährlicheren Ort gäbe, als die Familie. Hilfe von außen ist oft nötig, aber leider manchmal auch kontraproduktiv. Freunde und Kollegen des Adoleszenten, welche selbst nur über wenig Lebenserfahrung verfügen, sich mit den Problemen des Heranwachsenden gar nicht tiefer beschäftigen können oder wollen, sind mit gut gemeinten, aber oberflächlichen und daher schlechten Ratschlägen schnell zur Hand. „Wenn ihr nicht harmonieren könnt, ist es wohl das Beste, sich **„aus dem Weg zu gehen":** das ist der billigste und schlechteste Rat, den man geben kann. Viel besser wäre es, gemeinsam professionelle Hilfe in Anspruch zu nehmen. Schweigen und Distanz macht alles nur schlechter!

NICHT REDEN klärt NICHTS!

Alles Unklare belastet besonders stark. Der ungeklärte Zwist verhärtet die Fronten. Keiner kennt die Sichtweise des anderen. Das Unausgesprochene lastet schwer auf den Kontrahenten und entwickelt schleichend seine zerstörerische Kraft. Wenn Staatsmänner nicht mehr miteinander reden, liegt Krieg in der Luft. Schweigen schafft per se eine feindselige Stimmung. Lösungsorientierte Hilfe kann nur in der Begegnung gefunden werden.

Einen wesentlichen Passus hierzu darf ich von Prof. Michael Lehofer zitieren: *„Verletzungen der Psyche beeinträchtigen die Begegnungsfähigkeit. Das erzeugt einen Teufelskreis. Denn gerade psychisch verletzte Menschen würden eine intakte Begegnungsfähigkeit brauchen, um sich heilen zu können."*[35]

Viel zu selten wird bei tiefgreifenden familiären Zwistigkeiten professioneller Rat gesucht. Zumeist werden Krisen im Bekannten- oder Freundeskreis erörtert. Geben diese „Weisen" dem narzisstischen Kind recht (obwohl sie in den allermeisten Fällen nur dessen einseitige Schilderung gehört haben), und raten zur Trennung, werden diese Empfehlungen als wahre Offenbarung kritiklos angenommen und danach gehandelt, auch wenn sie völlig verkehrt sind. Dies gilt auch für um Rat gefragte Institutionen, Glaubensgemeinschaften, manchmal sogar für Psychologen, die sich zu wenig Zeit nehmen, um sich tiefsitzender Probleme anzunehmen und diese zu lösen; ebenso auch für Sekten, Geheimbünde, Scientologen oder Vereine (wobei manche durchaus sehr bemüht sind, „den rauen Stein zu beschleifen und einen besseren Menschen zu formen"). Einen Narzissten von seiner fixen Überzeugung abzubringen, wird jedoch nur äußerst schwer gelingen. Und allen Bemühungen eines Mediators, der nur eine Seite hört, haftet ein kapitaler Mangel an, wenn er nicht beide Seiten hört. *„Audiatur et altera pars"*!

Nicht selten wird von der einen Partei (z. B. den Kindern) ganz bewusst vermieden, dass der um Rat gefragte Mediator, die Ansicht der anderen Partei (der Eltern) zu Gehör bekommt, denn dadurch könnte die einseitige Darstellung erheblich zurechtgerückt werden. Die Abbrecher wollen aber gar keine objektive Beurteilung der Sachlage, sondern sie wollen nur eine Absolution für den beabsichtigten Familienabbruch, von dem sie doch im Innersten wissen, dass er böse ist. Ein Mediator, egal welche sonstigen akademischen Qualifikationen er hat, der nicht beide Teile hört, darf sich nicht Mediator nennen.

Mir sind solche Fälle bekannt, wo die Stellungnahme der Eltern nicht eingeholt wurde, sodass es zu keiner ausgewogenen Beurteilung der vorgebrachten Behauptungen hätte kommen können. Aufgrund einseitiger Darlegungen – ohne die andere Seite zu hören – Ratschläge zu erteilen, ist nicht nur dürftig, sondern geradezu grob fahrlässig und kann keinesfalls ausgewogen sein. Hilfe von außen böte nur professionelle Unterstützung durch erfahrene Psychiater und Psychologen unter der Voraussetzung, dass nach allen Regeln der Kunst (lege artis) vorgegangen würde. Dabei spielt der Einsatz und der Zeitaufwand eine große Rolle, besonders wenn zu diesem Zeitpunkt der Familienzerfall schon weit fortgeschritten ist und sich die negative Anschauung im Abbrecher schon derart verfestigt hat, dass nur mehr eine ganz kompetente Vorgangsweise zu einer positiven Lösung beitragen könnte.

24. EIFERSUCHT UNTER GESCHWISTERN

Ein Motiv des Rückzuges der Kinder vom Elternhaus kann in dem Gefühl begründet sein, dass sich ein Kind – zumeist das ältere – benachteiligt fühlt, weil sich die Aufmerksamkeit der Eltern naturgemäß mehr auf das jüngere Geschwisterchen richtet; dabei kommt es nicht darauf an, ob dies den Tatsachen entspricht oder nur so empfunden wird. Hierbei spielt die Persönlichkeit des älteren Kindes eine ganz bedeutende Rolle. Die schwerste aller Persönlichkeitsstörungen – der Narzissmus – wird tausend Gründe für eine angebliche Zurücksetzung finden. Dem egozentrischen Kind steht alles zu und es wird die durch das jüngere Kind erforderliche Teilung der Zuwendung der Eltern nie verwinden können. Dies kann oft zu Hass gegenüber den Eltern und dem angeblich bevorzugten Geschwister führen.

Ein Beispiel:
Die wesentlich jüngere Schwester Renate wurde von der Älteren glühend beneidet, obwohl eigentlich zu vermuten gewesen wäre, dass bei dem sehr großen Altersunterschied geschwisterliche Eifersucht nicht mehr so ausschlaggebend sein kann. Doch die ältere Schwester hat die tief empfundene Zurücksetzung gegenüber Renate nie verwunden. Wenn die Ältere mit der Jüngeren allein war, ließ sie diese ihren Groll mit allerlei Sekkaturen fühlen. Wenn die Eltern dies bemerkten und die Ältere zur Rede stellten, wurde vorerst gekuscht, aber bei der nächsten Gelegenheit bekam Renate in Abwesenheit der Eltern die Rache zu spüren. Und der kleinen Schwester wurde gedroht: *„Und wehe, du sagst etwas zu den Eltern, dann ergeht es dir noch schlimmer!"* Die Eltern können ja nicht immer dabei sein. Das jüngere Kind wird alles erdulden müssen und es nicht mehr wagen, bei den Eltern Hilfe zu suchen, aus Angst vor der Rache der älteren Schwester.

Auch wenn sich das zurückgesetzte ältere Kind bei dem jüngeren immer wieder abreagiert, kann es die gefühlte Hintanstellung nicht verwinden; die elterliche Zuwendung bietet ihm nicht mehr das, was es als Einzelkind gewohnt war; auch dies kann ein Mosaikstein sein, welcher zum Abbruch beiträgt.

Eine weiteres Beispiel von Eifersucht unter Geschwistern:
Der um fast zehn Jahre jüngere Bruder W. wurde vom älteren Bruder Paul eifersüchtig beneidet, obwohl anzunehmen wäre, dass geschwisterliche Eifersucht nicht so wesentlich sein würde, zumal Paul ja in jeder Hinsicht dominierte. Doch der Ältere hat die „Entthronung" nie verwunden. Bei einem Streitgespräch beider Brüder, wusste der Ältere ganz genau, wie er seinen jüngeren Bruder gezielt mitten ins Mark treffen konnte.

Der Jüngere litt unter einer aufsässigen und als Lehrer ziemlich ungeeigneten Person, nennen wir ihn Sadleck, der in objektivierbarer Weise, was sogar vom übrigen Lehrkörper bestätigt wurde, den jüngeren Bruder W. immer wieder entwertete, kränkte und ungerecht benotete. Darunter hat W. schwer gelitten.

Dies wissend, hat der ältere Bruder Paul, um in diese offene Wunde hineinzustoßen, in einem Streitgespräch zum jüngeren zynisch und kränkend gesagt: **„Ja, ja, da muss halt ein Sadleck her"**, obwohl dies in den Kontext des Streitgespräches gar nicht hinein passte! W. sollte einfach maximal provoziert und gekränkt werden (Narzissten sind Meister im Kränken!). Die Provokation gelang auch! Auf das Äußerste gereizt, schlug der zu Jähzorn neigende Bruder W. in voller Wut mit beiden Unterarmen gegen die Wohnzimmertüre, wobei die Glasfüllung zersplitterte. Durch die messerscharfen Bruchränder wurde die Muskulatur beider Unterarme in der Länge von ca. 20 cm, teilweise bis zum Knochen durchschnitten. Dabei wurde ein die Hand versorgender Nervenstrang am rechten Unterarm komplett durchtrennt. Dies hatte eine sofortige Lähmung der Hand zur Folge. Durch die an beiden Unterarmen herunterhängenden großen Fleischfetzen (durchtrennte Muskulatur) kam es zu massiven Blutungen und W. stand geschockt und hilflos inmitten einer sich rasch vergrößernden Blutlache.

Während die anwesenden Eltern zu Hilfe eilten und die Blutungen notdürftig mit Handtüchern zu stillen versuchten, ergriff der narzisstische Provokateur die Flucht mit den Worten: *„Das kann ich nicht ansehen, damit will ich nichts zu tun haben"*; und weg war er! Nicht das geringste Zeichen von Betroffenheit über den angerichteten Schaden, keinerlei versuchte Hilfeleistung, keine Reue, nur Flucht. Völlig fehlendes Mitleid, völlig fehlende Empathie, eben ein Narzisst par excellence. (siehe auch Fugue, Seite 53).

Die Eltern fuhren nach der provisorischen laienhaften Blutstillung mit dem jüngeren Sohn ins nahegelegene Unfallspital, wo nicht nur die tiefen Schnittwunden operativ versorgt wurden, sondern – und das war eine großartige Leistung der Chirurgen – auch der Nerv mikrochirurgisch sehr präzise genäht wurde. Trotz größter Bemühungen der Ärzte blieben aber lebenslange Funktionseinschränkungen zurück, sodass dauerhaft nicht mehr alle Finger einwandfrei bewegt werden können und auch Sensibilitätsstörungen als Dauerschaden blieben.

Als Monate später die Mutter den älteren Sohn Paul fragte, ob ihm dieser Vorfall leidgetan hätte, kam die Antwort : *„Nein, wieso?"*. Also kein Bedauern, kein Mitleid, keine Einsicht, dass er der Auslöser des Unfallgeschehens war.

Da Narzissten extrem egozentriert sind, können sie kaum Mitleid aufbringen.

Das Leid der anderen betrifft ja nicht sie selbst. Tiefempfundenes Mitgefühl ist ihnen fremd.

Mitleid ist Narzissten fremd

Anderseits ist der Narzisst aber extrem besorgt, wenn es um seine eigene Gesundheit geht.

Ein Beispiel:
Der erwachsene Sohn Richard, der später die Familie im Streit verließ, bemerkte ein kleines Gewächs am Unterschenkel, das ihn in höchste Aufregung versetzte; er dachte, es sei ein bösartiger Tumor. Nach Ansicht der Eltern handelte es sich um ein harmloses Muttermal.

Da der Sohn Richard aber große Sorge äußerte, ob es nicht doch etwas Bösartiges sei, ging der Vater mit dem Sohn in die Universitäts-Hautklinik, um die Hautveränderung begutachten zu lassen. Die Fachärztin diagnostizierte ein völlig harmloses und keineswegs bösartiges Muttermal. Richard bestand aber auf der sofortigen Entfernung des Muttermales, weil er panische Angst hatte, es könnte sich daraus doch etwas Bösartiges entwickeln. Er gebärdete sich geradezu hysterisch und sagte, er verlasse keineswegs das Spital, bevor die Hautveränderung nicht entfernt worden sei und ließ sich auch nicht von der Fachärztin beschwichtigen. Nach langem Hin und Her wurde dann doch das Muttermal entfernt, einerseits weil der Sohn so hysterisch (histrionisch) reagierte und sich nicht beruhigen ließ und anderseits, weil die Fachärztin den Vater kannte und die eher peinliche Situation beenden wollte. Die histologische Untersuchung bestätigte die vermutete Diagnose: gutartiger Naevus (Muttermal), keine Malignität (Bösartigkeit).

Sein eigener Körper ist dem Narzissten das Allerwichtigste; Unregelmäßigkeiten führen zu tiefster Besorgnis, die Krankheiten anderer Menschen lassen ihn eher kalt.

Als sich der Vater eines ichbezogenen Narzissten wegen eines bösartigen Nierentumors in einer schweren Operation die befallene Niere entfernen lassen musste, war das dem narzisstischen Sohn nicht einmal einen Krankenbesuch wert, während der andere Sohn während der 5 ½ stündigen Operation am Gang wartete, weil er meinte – falls es notwendig sei – würde er sogar eine Niere spenden.

Ein anderer Fall typisch narzisstischer Mitleidlosigkeit wurde mir berichtet:

Die Mutter einer Narzisstin musste sich wegen eines schweren Herzklappenfehlers einer über 7-stündigen Operation am offenen Herzen unter Einsatz der Herzlungenmaschine unterziehen; es ging um Leben und Tod. Ein viele Wochen dauernder Spitalsaufenthalt folgte. Die Narzisstin besuchte ihre Mutter während des Krankenhausaufenthaltes nicht ein einziges Mal. Während des anschließenden achtwöchigen Aufenthaltes in einer Rehabilitationsanstalt ließ sich die Tochter zu einem einzigen Krankenbesuch herab. Es betraf ja nicht ihre Gesundheit; völliger narzisstischer Empathiemangel! (siehe Kapitel 26: „Empathie")

25. HISTRIONISCHE VERHALTENSWEISE

Unter „histrionisch" versteht man eine Persönlichkeitsstörung, welche nach internationaler Definition durch dramatische Selbstdarstellung, theatralisches Auftreten und dem Wunsch im Mittelpunkt der Aufmerksamkeit zu stehen, gekennzeichnet ist. Histrionische Menschen setzen auch körperliche Aktionen ein, um die gewünschte Aufmerksamkeit zu erregen.

Ein Beispiel:
Die Firma wurde vom Vater und seinem Sohn Siegfried gemeinsam geführt; leider wurde die anfänglich harmonische Zusammenarbeit immer komplizierter und unterschiedliche Meinungen traten immer häufiger zutage. Obwohl beide unter dem sich zunehmend verschlechternden Betriebsklima litten, wurden die wiederholten Bemühungen des Seniorpartners um eine klärende Aussprache durch den Juniorpartner stets abgeblockt. Alle Bemühungen des Älteren,

Ursachen und Lösungen der Friktionen zu finden, wurden durch den Juniorpartner torpediert. Neben grundsätzlichen betrieblichen Entscheidungen spielten sicher auch finanzielle Aspekte eine große Rolle, da sich der Juniorpartner noch größere finanzielle Vorteile erhofft hatte; dies war für den Juniorpartner sehr wesentlich.

Ein klärendes Gespräch zu führen, lehnte der Jüngere stets ab, einerseits vielleicht, weil er sich dem Älteren auf argumentativ-sachlicher Ebene unterlegen fühlte, anderseits fürchtete er möglicherweise, dass er die Ursachen seiner Antipathie gegen den Vater nur schlecht erklären konnte und es ihm unangenehm war, die finanzielle Seite anzusprechen.

Es konnte ja nicht geleugnet werden, dass dieser alles getan hatte, um seinen Sohn beruflich bestmöglich zu fördern. Um aber ohne Worte zu signalisieren, dass er doch irgendwie die Dominanz des Älteren anerkenne, warf sich Siegfried im Betrieb einmal plötzlich in einer theatralischen Geste vor dem Vater wortlos zu Boden. Der Vater, der von diesem **histrionischen** Akt vollkommen überrumpelt und tief betroffen war, wusste nicht, wie er auf dieses dramatische Ereignis reagieren sollte. Er war vollkommen perplex, völlig blockiert, brachte kein Wort heraus und tat nichts; das war sicher falsch! Richtig wäre es gewesen, auf den Sohn zuzugehen, ihn zu umarmen, seine nach wie vor vorhandene tiefe Zuneigung zu bekunden, ihn zu loben und diese wohl einmalige Gelegenheit zur Versöhnung zu ergreifen. Aber er war wie gelähmt und tat nichts.

Der Sohn erhob sich, verließ wortlos den Raum und dachte sich wohl: „Nicht einmal dieses Zeichen der Unterwerfung zeigt Wirkung". Eine Chance, die der Vater verpasst hatte und vom Sohn wahrscheinlich dahingehend interpretiert wurde: „Ich kann tun was ich will, es hilft nichts mehr, was die tiefe Kluft zwischen uns überbrücken kann". Der Vater hatte diesen theatralischen Hilferuf nicht verstanden. So war es nur ein weiterer Schritt zum feindseligen Kontaktabbruch.

Genau dieselbe Geste des Niederwerfens vollzog der Juniorchef an einem anderen Tag auch vor der alteingesessenen Sekretärin, die ihm immer mit Rat und Tat zur Seite gestanden war; auch ihr war die Situation recht peinlich und auch sie wusste nicht, wie sie auf diese befremdliche Aktion reagieren sollte. Im Nachhinein betrachtet waren diese Aktionen des verunsicherten Juniorchefs ein einziger Hilfeschrei, um die verfahrene Situation wieder irgendwie ins Lot zu bringen.

Zum Schluss ein Bonmot zum Narzissmus, das zeigen soll, wie sehr die Gedanken des Egozentrikers nur um ihn selbst kreisen: Nachdem ein narzisstischer Schauspieler sehr lange ausschließlich über sich und seine Großartigkeit gesprochen hatte, sagte er zu seinem Gesprächspartner: *„Aber reden wir nicht immer über mich, reden wir jetzt über dich: Wie hat dir meine letzte Rolle gefallen?"*

26. EMPATHIE

Auf allen Ebenen der zwischenmenschlichen Beziehungen, so auch besonders im familiären Bereich, ist ein empathischer Umgang miteinander von eminenter Bedeutung.

Der Begriff Empathie (griechisch: „empatheia"; zusammengesetzt aus en/em = in,an, und pathos = Leid/Unglück; also Mitleid) taucht erstmals bei dem deutschen Philosophen Rudolf Lotze (1817-1881)[36] auf und wurde später von vielen Psychiatern und Psychologen übernommen, so z.B. vom amerikanischen Psychologen E.B. Titchener[37] oder Carl Rogers (1902-1987)[38], dem Hauptvertreter der Humanistischen Psychologie.

Endgültig etabliert hatte sich der Empathie-Begriff durch Sigmund Freud (1856-1939). Empathie ist die wichtige soziale Fähigkeit, sich in

die Gefühle anderer Menschen hineinzuversetzen. Empathie setzt ein gewisses Gespür und die Aufnahmebereitschaft voraus, um die feinen Signale, die von Mitmenschen oft auch nonverbal ausgehen, zu registrieren und deuten zu können. Empathische Menschen („Empathen") sind hochsensibel, hilfsbereit und kämpfen gegen Ungerechtigkeiten und Unterdrückung von Mitmenschen; ihr Anliegen ist, Frieden zu stiften. Man kann sie als Gegenspieler von Narzissten bezeichnen.
In der heutigen Zeit scheint die Empathie aber zunehmend zu verkümmern und an ihre Stelle tritt immer mehr der Narzissmus. Bemerkenswert ist, dass in der Fachliteratur viele Hinweise gefunden werden, dass Frauen empathischer sind als Männer, während Männer häufiger an der narzisstischen Persönlichkeitsstörung leiden. Dass Frauen empathischer sind liegt vielleicht daran, dass sie über eine höhere Ausschüttung von Oxytocin (dem „Kuschelhormon") verfügen als Männer.

Leslie Brothers[39] , Psychiater am California Institute of Technology, der sich auf neurologische Befunde stützt, sieht die neurale Grundlage der Empathie im Mandelkern des menschlichen Gehirns und seiner Verbindungen zum Assoziationsbereich der Sehrinde lokalisiert.

Der Mangel an Empathie, also das Fehlen der Fähigkeit, die Seite zu wechseln und sich in die Gedankenwelt des Anderen hinein zu versetzen, ist ein integrierender Bestandteil der narzisstischen Persönlichkeitsstörung. Der empathische Mensch hat die Fähigkeit, die Gefühlsregungen anderer zu erkennen und zu deuten. Die Empathie, also zu wissen, was andere fühlen, ist die Basis der Menschenkenntnis und sie kann geschult werden. Zu dieser Fähigkeit des Wechsels des Sichtwinkels ist der Narzisst nicht in der Lage, zu sehr ist er der Egozentrik seines Denkens verhaftet. „Tiefenpsychologisch wird das unterentwickelte Einfühlungsvermögen auf Enttäuschungen und Traumatisierungen in der Kindheit zurückgeführt. Das in seiner Gefühlswelt massiv getroffene Kind hat in sich alle Gemütsregungen abgetötet, um die Kränkungen ertragen zu können. Leider fehlt das Einfühlungsvermögen dann später in allen Bereichen, auch in den wünschenswerten und positiven. Empathiemangel entspricht einer nicht entwickelten, niedrigen emotionalen Intelligenz". Haller[8], S. 48/49

Empathie ist schwieriger, als man zunächst annimmt. Es geht darum, die andere Person richtig zu verstehen und warum sie so fühlt, agiert und reagiert.

Seien Sie als Elternteil empathisch für die Emotionen ihrer Kinder! Seien Sie aufmerksam für deren Werbung um Aufmerksamkeit, wenn diese der Ansicht sind, zu wenig Zuwendung zu bekommen! Versetzen Sie sich in die Lage des Kindes und versuchen sie zu verstehen, warum es so wütend wurde, dass es z.B. einen Spiegel zertrümmerte; bestrafen sie es nicht, versuchen Sie die Ursache des Wutanfalles zu eruieren und erkennen Sie, dass es in diesem Fall eigentlich ein Angriff auf sich selbst war! Auch unangenehme emotionelle Begebnisse sind von Bedeutung. Die Psychotherapeutin Philippa Perry[40] bringt hierzu eine Metapher, wobei man sich die unangenehmen Emotionen als „Tankwarnleuchte auf einem Armaturenbrett" vorstellen soll und nicht die Diode entfernen, sondern tanken soll.
Mitleid ist eine Unterform der Empathie, ist Bestandteil der Wertschätzung und hat einen hohen Stellenwert in der Beurteilung der Charaktereigenschaften des Menschen. Neurowissenschaftliche Untersuchungen zeigten, dass im Gehirn bestimmte Zentren für die Empathie zuständig sind.

Durch Untersuchungen konnte festgestellt werden, dass empathische Menschen intelligenter, ausgeglichener und gelassener sind; fehlende Empathie führt zu Intoleranz, Vorurteilen und aggressivem Verhalten. Empathische Menschen können bereits aus der Stimmlage, der Modulation der Betonungen, durch die Körperhaltung, durch Sprechpausen und nonverbale Zeichen Emotionen des Gegenüber wahrnehmen, die nicht aus dem verbalen Inhalt der Mitteilung zu entnehmen sind. Mangelnde Empathie bedeutet ein beachtliches Defizit in der menschlichen Kommunikation. Worte drücken rationale Inhalte aus, die Emotionen sind nonverbal. Dies meint auch das Sprichwort: „Im Ton liegt die Musik" Die überragende Wichtigkeit der Empathie betonte auch der bedeutendste Physiker und Kosmologe der letzten Jahrzehnte, Stephen William Hawking (1942-2018)[41] der meint, dass das Maß der Empathie darüber entscheidet, ob die Menschheit überleben wird oder nicht; er beurteilte die Aussichten des Überlebens der Menschheit sehr skeptisch!

Empathie kann man lernen und sie im Laufe des Lebens fortentwickeln.

Besonders im familiären Bereich können Sie ein Mitglied – ohne es zu wollen – reizen oder verärgern. Wenn ein Kind sich durch Ihre Aussagen oder Handel verletzt oder durch mangelnde Wertschätzung gekränkt fühlt, sollten die Ursachen der Differenzen angesprochen werden, um sie auszuräumen. Wie schon im Kapitel 3 dargelegt, kann ein und dieselbe Situation ganz unterschiedlich erlebt werden. Man sollte sich in die Sichtweise des jeweils anderen empathisch hineinfühlen, damit unterschiedliche Beurteilungen geklärt werden können. Nichts ist schlimmer, als Gesprächsverweigerung! Philippa Perry, Psychotherapeutin postuliert: „Man sollte sich mit kleinen Ärgernissen befassen, bevor sie groß werden." (Haller[40], S. 61.). Wenn Sie mehr über Empathie lernen wollen, lesen Sie dieses Buch.

Perry meint weiters: „Das Ignorieren oder Leugnen der Gefühle eines Kindes ist potenziell schädlich für seine spätere psychische Gesundheit" und weiter: „Aber Gefühle verschwinden nicht einfach, wenn man sie nicht zulässt. Sie tauchen nur unter die Oberfläche, wo sie eitern und später im Leben Ärger machen" (S. 66).

27. RESILIENZ

Im Umgang mit Menschen ist die Resilienz von besonderer Wichtigkeit. Durch die Resilienz können Streitigkeiten von vorneherein häufig vermieden werden. Dies spielt auch innerhalb der Familie eine wesentliche Rolle, weshalb ich auf die Resilienz kurz eingehen möchte.

Unter dem Begriff **„Resilienz"** (vom Lateinischen: resilire: „zurückspringen, abprallen") versteht man in der Psychologie die seelische Widerstandskraft gegenüber Störungen, Widrigkeiten, Traumen und unangenehmen Belastungen in Krisen aller Art. In der Medizin bedeutet der Begriff ganz allgemein die Aufrechterhaltung oder Wiederherstellung der psychischen Gesundheit bei stressigen Lebensumständen.

Resiliente Menschen erkennen, dass sie weitgehend selbst über ihr Schicksal entscheiden können, übernehmen selbst die Verantwortung über das Management unliebsamer Ereignisse und stehen zu dem Grundsatz „Jeder ist seines eigenen Glückes Schmied". Resiliente Menschen halten Belastungen besser stand und sind nicht so leicht vulnerabel. (Vulnerabilität = Verletzbarkeit, das Gegenteil von Resilienz). Resiliente Menschen verhalten sich nicht passiv, sondern sind kompetente Akteure ihres eigenen Lebens (Glen H. Elder)[42].

Resiliente Menschen lassen sich durch Krisen nicht unterkriegen; es sind Menschen, die aus dem Unglück sogar noch lernen können und nach der Prämisse handeln „Widerstände sind da, um überwunden zu werden" . Sie ziehen sich nicht in Passivität zurück, sondern gehen Probleme aktiv an. In Stressphasen sollte man Beziehungen aktiv pflegen. Wir sollten immer die Kontrolle darüber haben, welche Bedeutung wir einer Sache beimessen. Der Dalai Lama meint dazu: *„Schmerz ist unvermeidlich, Leiden ist freiwillig!"*

Ganz besonders hilfreiche Anleitungen für schwerste Zeiten und Krisenbewältigung gab uns Viktor E. Frankl (1905-1997), 24facher Ehrendoktor und einziger Überlebender des Holocaust seiner Familie, in seinem Buch: „Trotzdem JA zum Leben sagen"[43] . „Toleranz besteht nicht darin, dass man die Ansicht eines anderen teilt, sondern nur darin, dem anderen das Recht einzuräumen, überhaupt anderer Ansicht zu sein." Von großer Bedeutung ist das Maß an Gelassenheit; gelassene Personen können Belastungen emotionsfreier ertragen und lassen sich nicht voreilig von Emotionen hinreißen.

Eine der Pionierarbeiten über Resilienz stammt von der Wissenschaftlerin Emmy Werner[44] . Sie untersuchte und testete 698 Kinder, die aus schwierigen Verhältnissen stammten, von ihrer Geburt (1955) an über vier Jahrzehnte. Ein Drittel der Kinder wurde trotz erschwerter Bedingungen zu lebenstüchtigen Erwachsenen. Werner zog daraus den Schluss, dass Resilienz erlernbar ist.

Stefanie Maeck[45] meint dazu: „Manche Menschen überstehen traumatische Erlebnisse scheinbar unangetastet. Heutzutage wird in Fachkreisen generell die Meinung vertreten, dass Resilienz durchaus erlernbar ist, so wie dies auch bei der Empathie der Fall ist. Natürlich bedarf es einer aktiven Hinwendung zu Empathie und Resilienz, um eigene Defizite auszugleichen. Dies gilt für Eltern in gleicher Weise, wie für Heranwachsende."

Es ist durchaus bemerkenswert, dass die Kinder in ein und derselben Familie eine ganz unterschiedliche Resilienz aufweisen können.

Trotz gleicher Erziehung bricht ein Sohn den Kontakt vollkommen ab, der andere fühlt sich in der Familie wohl und denkt nicht an einen Abbruch. Der Erziehungsstil war für beide gleich. Kinder sind eben genetisch sehr unterschiedlich gepolt.

Es gibt a priori Menschen, deren Resilienz höher ist, als im Durchschnitt. Dies kann sogar gehirnanatomisch erklärt werden, da bei besonders Resilienten das für die Resilienz zuständige Gehirnareal – der Hippocampus – deutlicher ausgeprägt und vernetzt ist, als im Durchschnitt.

Eine Stärkung der Resilienz kann durch Loben erreicht werden. So empfiehlt die Verhaltenstherapeutin Ariadne Sartorius[46], dass man Kinder zehnmal am Tag loben soll und gibt dazu den Ratschlag, z.B. zehn Büroklammern in eine Hosentasche einzustecken und nach jedem gespendeten Lob, eine Büroklammer in den anderen Hosensack zu geben; es dauert eine Weile, bis alle Klammern im anderen Sack gelandet sind. Aber zu sehr behütete und übermäßig gelobte Kinder entwickeln keine hohe Resilienz. Wer selten negative Erfahrungen gemacht hat, erträgt Belastungen auch schlechter.

28. INTELLIGENZ UND INTELLIGENZQUOTIENT (IQ)

Intelligenz und besonders die **emotionale Intelligenz** spielen ebenfalls eine große Rolle in jeder Art von Konfliktbewältigung, daher will ich kurz darauf eingehen.

Intelligenz (lat. intellegere = erkennen, verstehen), ist ein breiter Sammelbegriff für die geistige Leistungsfähigkeit. Obwohl jeder zu wissen glaubt, was Intelligenz ist, fällt eine Definition des Begriffes schwer. Eine Definition lautet: „Intelligenz ist die Fähigkeit, auf Informationen sinnvoll und effizient zu reagieren", aber die Definitionen sind keineswegs einhellig. Der amerikanische Experimentalpsychologe Edwin Boring (1886-1968) sagt: Intelligenz ist das, was Inntelligenztests messen, wodurch die Definitionsfrage auf die Testmethode verlagert wird (Jakob Pietschnig: „Intelligenz")[47].

Der Psychologe William Stern[48] definierte, dass eine Person, die im Intelligenztest so erfolgreich ist wie der Durchschnitt seiner Gleichaltrigen, einen **IQ** von 100 hat. Menschen die mehr Aufgaben richtig lösen können haben einen höheren IQ, bei weniger richtigen Lösungen liegt der Wert unter 100. Der Test wird derart angelegt, dass zwei Drittel der Bevölkerung einen IQ zwischen 85 und 115 erreichen.

Bei der Intelligenz unterscheidet man seit Raymond B. Cattell[49] gemäß seiner Zwei-Komponenten-Theorie (1941) zwei Arten von Intelligenz (zit. J. Pietschnig)[50] und zwar die „Fluide Intelligenz" und die „Kristalline Intelligenz". Unter Letztgenannter versteht man z.B. die Fähigkeit schulisch erlerntes Wissen, das wir in unser Gedächtnis eingebaut haben, anzuwenden. Unter fluider Intelligenz versteht man die Fähigkeit, grundlegende Denkprozesse in neuen Situationen anzuwenden, ohne auf Erfahrung oder Erlerntes zurückgreifen zu müssen. Damit ist gemeint, dass wir neue Situationen rasch erfassen, analysieren und entsprechend sinnvoll darauf reagieren können.
Fluide Intelligenz hat nichts mit Bildung oder Ausbildung zu tun und ist weitgehend genetisch determiniert. Sie beinhaltet das schlussfolgernde Denken, wobei kein spezielles Vorwissen erforderlich ist. Sie ist nur geringfügig unter bestimmten Bedingungen erlernbar. Kristalline Intelligenz bedeutet konkretes Wissen und kann durch Schulungen und weiteren Wissenserwerb ständig verbessert werden, indem wir neue Kenntnisse abspeichern und vernetzen. (Konkret: Wie hoch ist der Kilimandscharo?). Unser Schulsystem legt noch immer besonderen Wert auf kristalline Intelligenz und lexikalisches Wissen und vernachlässigt die fluide Komponente der Intelligenz.

29. EMOTIONALE INTELLIGENZ

Schon Howard Gardner[51] fügte in seinem 1983 erschienen Buch „Frames of Mind" zur rein IQ-bezogenen Auslegung der Intelligenz, die „interpersonale Intelligenz" hinzu und definierte diese als „die Fähigkeiten, die Stimmungen, Temperamente, Motivationen und Wünsche anderer Menschen zu erkennen und angemessen darauf zu reagieren". Und weiter: „Viele, die einen IQ von 160 haben, arbeiten für Leute mit einem IQ von 100", wenn Erstere über eine geringe und die Letzteren über eine hohe personale Intelligenz verfügen, die von der akademischen Intelligenz unabhängig ist. Viele Psychologen (z.B. Peter Salovey, E.L. Thorndike, Robert Sternberg et al.) kamen zur Erkenntnis, dass der IQ-Wert sich nur auf ein schmales Spektrum von sprachlichen und mathematischen Fähigkeiten beschränkt und für den Erfolg als Schüler, aber nicht für die allgemeine Lebenstüchtigkeit aussagekräftig ist.

Diese ganz andere Form der Intelligenz, nämlich die „Emotionale Intelligenz", definierte Daniel Goleman[52] 1995, Psychologe an der Universität Harvard, in seinem Buch: „Emotional Intelligence – Why it can matter more than IQ", das auf Erkenntnissen von John D. Mayer [53] aufbaut. Mayer, Psychologe an der Universität von New Hampshire, bezeichnet die emotionale Intelligenz als die Fähigkeit, fremde Gedanken zu erkennen und richtig zu interpretieren. Durch diese Art der Intelligenz sind wir in der Lage, die Gefühlswelt zu regulieren, und sie spielt auch eine ganz wesentliche Rolle bei der Empathie. Sie stellt mit dem EQ gewissermaßen einen Gegenpol zur klassischen Intelligenz dar, die durch den IQ gemessen wird.
Der Begriff „Emotion" ist von dem lateinischen Wort „movere", (bewegen, sich bewegen) abgeleitet, wobei im allgemeinen Sprachgebrauch eher die passive Bewegtheit im Vordergrund steht: „Die Emotionen gehen hoch", wir sind gefühlsmäßig bewegt; aber es gibt auch

eine aktive Komponente, wir reagieren gefühlsbetont. „Die Emotionen schaukeln sich auf".

Goleman bezeichnet die Wahrnehmung der eigenen Emotionen als selbstreflexives Erkennen der eigenen inneren Zustände; er nennt dies Achtsamkeit („mindfulness"). Wenn man hasst und gleichzeitig erkennt, dass man hasst, bietet diese Einsicht ein größeres Maß an Freiheit und die Möglichkeit modifizierend und mäßigend einzuwirken. Ist der Hass überwältigend, ist man nicht mehr Herr seiner Gefühle und ist Emotionen hilflos ausgeliefert. Achtsame Menschen vermitteln eine gewisse Kultiviertheit und positive Lebenshaltung, während eine übersteigerte emotionale Empfänglichkeit auch schon bei der geringsten Provokation Gefühlsexplosionen auslösen kann (siehe spätere Beispiele).

Während der Kopf rational vorgeht, entscheidet das Herz emotional, formuliert Goleman, und unterscheidet zwei Seelen, „Herz" und „Kopf", womit er die Zweigleisigkeit emotional/rational anspricht. „Die rationale Seele kann langfristige Pläne machen; die emotionale Seele sieht nur den Augenblick" und weiter „meistens arbeiten diese beiden Seelen harmonisch zusammen", …doch wenn Leidenschaften aufwallen, kippt das Gleichgewicht: Die emotionale Seele gewinnt die Oberhand, die rationale Seele geht unter.

Der griechische Philosoph Aristoteles postulierte, dass unser Gefühlsleben durch die Intelligenz gesteuert werden müsse und bezeichnet damit die Fähigkeit, „gegen die rechte Person, im rechten Maß, zur rechten Zeit, für den rechten Zweck und auf die rechte Weise zornig zu sein". Die Evolution formte die Ausprägung unserer Emotionen im Laufe von Hunderttausenden von Jahren, die wenigen Jahrhunderte der Neuzeit konnten die biologischen Grundformen unseres Gefühlslebens kaum verändern. Die Beherrschung unserer Emotionen konnte mit unserem Zugewinn an Macht nicht Schritt halten. Zur Beherrschung dieser hätten sich die ethisch-moralischen Werte mitentwickeln müssen, davon sind wir aber weit entfernt. Wir leben in einer Zeit zunehmender Egozentrizität und die derzeitige Jugendgeneration ist emotional wesentlich stärker gestört, als die vorherige. Sie ist einsamer, oberflächlicher, depressiver, reizbarer, aufsässiger, nervöser, impulsiver und aggressiver, und die Schulkinder benötigen immer häufiger psychotrope Substanzen. (z.B. Ritalin)

Die emotionale Intelligenz ist zumeist wichtiger als der rationale Verstand, wobei es nicht zu leugnen ist, dass die heutige Leistungsgesellschaft emotional zu verarmen scheint. Wir ersetzen echte Emotionen im Internet durch Fertigprodukte, „**Emojis**"; ein Herzsymbol anstatt persönlicher Worte oder einen hochgereckten Daumen anstatt verbal formulierter Anerkennung. Durch ein graphisches Kürzel kann aber warmherzige verbale Anerkennung niemals ersetzt werden.

Die emotionale Intelligenz (EQ) hat mit dem Intelligenzquotienten (IQ) nichts zu tun. Der IQ ist eine zu über 50% erblich determinierte Gegebenheit, die durch Lernen oder Lebenserfahrung nicht sehr bzw. nur teilweise verändert werden kann; er wird gewissermaßen durch die „Hardware" unseres Gehirnes bestimmt. Die emotionale Intelligenz hingegen kann im Laufe des Lebens ständig entwickelt und verbessert, also erlernt werden. Dazu gehören z. B. auch Selbstbeherrschung, Beharrlichkeit und die Fähigkeit, sich selbst zu motivieren.

Neben den Anstrengungen, den IQ-Wert möglichst objektivierbar zu machen, hat man natürlich versucht, auch die emotionale Intelligenz wissenschaftlich zu messen; dies ist schwierig. Häufig wird dazu der MSCEIT V2.0 Test verwendet, wobei festzustellen ist, dass die gestellten Fragen nicht immer eindeutig richtig oder falsch beantwortet werden können, wenn es z.B. beim Test um die Beurteilung eines Gesichtsausdruckes geht. Daher meint der Intelligenzforschungsexperte Jakob Pietschnig[50], dass Tests zur Erfassung der emotionalen Intelligenz nicht so eindeutig sind, wie psychometrische Tests. Er führt weiter aus, „dass emotionale Intelligenz und soziale Kompetenzen mit psychometrisch erfasster Intelligenz wenig zu tun haben. Das bedeutet natürlich nicht, dass soziale Kompetenzen unwichtig sind, oft im Gegenteil." (S. 60)

In der Beurteilung zwischenmenschlicher Beziehungen ist die Wertigkeit der Empathie sehr viel wichtiger, als der IQ. Bemerkenswert ist, dass Personen mit einem hohen IQ im Privatleben und auch beruflich oft gar nicht so gut zurechtkommen, wobei auch statistisch gesichert ist, dass der IQ nur ca. 20 Prozent zum späteren Lebenserfolg beiträgt. Wesentlich wichtiger ist hierfür die Intelligenz der Gefühle, die uns z.B. motiviert, trotz negativer Begebenheiten unser Ziel weiter zu verfolgen und verhindert, dass Ärger uns blockiert, was für die Frustrationsbewältigung von großer Bedeutung ist. Um mit negativen Dingen fertig zu werden und unsere Emotionen zu zügeln, ist die emotionale Intelligenz besonders wichtig.

Unser Schulsystem legt noch immer fast ausschließlich Wert auf messbares „lexikalisches" Wissen, den kristallinen Teil der Intelligenz, und vernachlässigt die emotionale Seite. Aber erst die Kombination von intellektuellen Fähigkeiten, dem schulisch angelernten Wissen (akademische Intelligenz) **und** der emotionalen Kompetenz wird uns helfen, auf die mannigfaltigen Herausforderungen des Lebens bestmöglich zu reagieren.

Howard Gardner[51], Psychologe an der Harvard School of Education, sagt: „*Das Wichtigste, was Erziehung zur Entwicklung eines Kindes beitragen kann, ist, ihm zu einem Bereich zu verhelfen, in dem seine Talente ihm am besten zu statten kommen, wo es zufrieden und kompetent sein wird*".

Univ. Prof. Dr. Josef Mantl (Politikwissenschaftler an der Universität Graz) sagte mir in einem persönlichen Gespräch: „Aufgabe eines Lehrers sollte vorrangig sein, die Begabungen des Schülers zu orten und zu fördern!" Leider ist das nicht immer der Fall.

Dazu folgende Begebenheit:

Ein Gymnasiast, der während der Oberstufenzeit zwei Jahre hintereinander – sowohl in seinem 17. als auch 18. Lebensjahr – den ersten Preis im Landesliteraturwettbewerb (Lyrik und Prosa) gewonnen hatte, wurde von seinem kleingeistigen Deutschlehrer mit „nicht genügend" beurteilt. Diese Lehrperson lässt den begabten Schüler bei der Matura (dt.: Abitur) im Fach „Deutsch" unter fadenscheinigen Gründen aufgrund persönlicher Animositäten durchfallen, anstatt sich über seinen Schüler zu freuen.

Zur Literaturpreisverleihung, die in den Räumlichkeiten der Landesregierung stattfand, reiste sogar der Präsident des österreichischen PEN-Club aus Wien an, um die Laudatio in Anwesenheit des Landeshauptmannes zu halten. Dies beeindruckte den „Deutschlehrer" nur in negativer Weise; der Schüler fällt in Deutsch durch. Aber inkompetente, pädagogisch minderversierte Lehrpersonen findet man gar nicht so selten. Der Schüler studierte übrigens später sehr erfolgreich in Wien Germanistik und Linguistik, erhielt dann eine Lehrstelle an der Universität Wien im Fach Germanistik, erhielt später eine Stelle als Deutschlehrer an der angesehensten Universität einer 9-Millionenstadt und hält weltweit Vorträge.
Ich berichtete über diese an sich banale Begebenheit, da sich schulische Misserfolge in jedem Fall auch auf das familiäre Klima auswirken können. Immer wieder sind sie Anlass zu Diskussionen, und die Eltern suchen nach den Ursachen der negativen Benotung. Immer sollten Eltern, egal, ob die Beurteilung zurecht erfolgte oder nicht,

hinter dem Kind stehen. Es muss das Gefühl haben, um seiner selbst willen geliebt zu werden und nicht ob seiner Leistung.

30. EXKURS IN DIE ANATOMISCHEN GRUNDLAGEN UNSERER PSYCHE

Hirnanatomisch befindet sich der Sitz der Leidenschaft in den Mandelkernen (Nuclei amygdalae), mandelförmigen Gebilden oberhalb des Hirnstammes nahe an der Unterseite des limbischen Ringes, der beim Menschen wesentlich größer ist, als bei Primaten. Hippocampus und Mandelkerne waren die beiden entscheidenden Teile des primitiven „Riechhirns", aus denen Kortex und Neokortex hervorgingen. Der Mandelkern ist der Spezialist für emotionale Angelegenheiten. Wird der Mandelkern vom übrigen Gehirn abgetrennt, kommt es beispielsweise zur Unfähigkeit, die emotionale Bedeutung von Ereignissen zu erfassen; man spricht dann von „Affektblindheit". Kommt es zum Ausfall des Mandelkerns, kennt der Mensch weder Furcht noch Trauer, weder Mitgefühl noch Liebe, er hat auch keine Tränen. Entfernt man einer Ratte operativ den Mandelkern, hat sie keine Angst mehr vor der Katze und geht furchtlos auf sie zu.

Werden die Verbindungen zwischen Mandelkern und Neokortex durchtrennt, kommt es zur „Gefühlsblindheit". Das Leben eines Menschen ohne Mandelkern entbehrt jeglicher Emotionen. Der Mandelkern überprüft permanent jede Situation: „Ist das etwas, das mir gut tut, oder kränkt mich das bzw. fürchte ich mich davor"? Und die negative Botschaft wird sofort an andere Teile des Gehirns weitergeleitet.

Joseph LeDoux[54], Neurowissenschaftler am Center for Neural Science der New York University, hat nachgewiesen, dass der Hippocampus damit beschäftigt ist, Wahrnehmungsmuster zu registrieren und zu speichern, während der Mandelkern die emotionale Seite der Begebenheit beurteilt. Der Hippocampus ermöglicht, das Gesicht eines Menschen zu erkennen, der Mandelkern fügt hinzu, ob wir ihn mögen oder nicht. Die uns über das Ohr, das Auge und andere Sinnesorgane erreichenden Signale verlaufen über Nervenstränge zum Thalamus und von dort zum Neokortex, wo diese zusammengefügt und uns erst jetzt bewusst werden. LeDoux entdeckte ein spezielles Nervenstrangbündel, das vom Thalamus direkt zum Mandelkern geht, zusätzlich zu jenen Neuronen, die den längeren Weg über den Kortex nehmen. Wenn es auch nur um Sekundenbruchteile geht, der Mandelkern kann selbstständig auf emotionaler Ebene z. B. eine Fluchtreaktion auslösen, bevor der Neokortex eine Feinanalyse durchgeführt hat und daraus resultierend eine überlegte Reaktion auslösen kann. Somit meint LeDoux, damit nachgewiesen zu haben, dass das emotionale System anatomisch unabhängig vom Neokortex agieren kann. Der Mandelkern kann Erinnerungen und Reaktionsmuster enthalten, die wir umsetzen, ohne recht zu wissen warum, weil die Abkürzung vom Thalamus zum Mandelkern den Neokortex übergeht. Deshalb kann der Mandelkern emotionale Eindrücke und Erinnerungen bewahren, von denen wir nie bewusst Kenntnis genommen haben. Beim Erinnern ruft der Hippocampus den Informationsgehalt zurück, während der Mandelkern feststellt, ob die Information eine besondere emotionale Wertigkeit beinhaltet. (siehe Goleman D., „Emotionale Intelligenz")

Der Weg des Lichtsinnesreizes (z.B. das Erkennen einer Person) über das Auge ist komplizierter, als man allgemein annimmt. Die vom Auge ausgehenden Fasern des Sehnervs (Nervus opticus) verlaufen zur Sehnervenkreuzung (Chiasma opticum), wo sich ca. 50 Prozent der Sehnervenfasern kreuzen und von da an als Sehstrang (Tractus opticus) über die seitlichen Kniehöcker (Corpus geniculatum laterale) zur visuellen Großhirnrinde im hinteren Gehirnpol („Sehrinde" im Occipitallappen) in den Sulcus calcarinus verlaufen. Jetzt wird uns der Seheindruck erst bewusst und über die motorischen Bahnen können wir bewusst darauf reagieren.

Ein Teil (ca. zehn Prozent) der vorher abzweigenden Sehnervenfasern dient nicht dem Sehen, sondern beeinflusst unbewusste Prozesse. Diese Fasern ziehen vom Tractus opticus ausgehend direkt zum Nucleus suprachiasmaticus im Hypothalamus und weiteren Nervenzentren im Gehirn (Nuclei praetectales im Zwischenhirn und Colliculi superiores im Mittelhirn), also zu entwicklungsgeschichtlich wesentlich älteren Teilen des Gehirns.
Die Leitungszeit der ca. neunzig Prozent Sehnervenfasern, die bis zur Sehrinde gelangen und damit das bewusste Erkennen ermöglichen, dauert zwar nur um ein paar Tausendstelsekunden länger, als über die Leitung zum emotionell kompetenten Gehirnareal, aber diese Sekundenbruchteile bedeuten den entscheidenden Vorsprung in der emotionellen Beurteilung. So können blitzschnell Vorurteile über eine Person entstehen, bevor wir überhaupt in der Lage sind, uns ein rationales Urteil zu bilden.
Ich komme auf diesen Umstand später noch zurück.

31. NACHWIRKUNGEN DES KRIEGES

Etliche Publikationen von Psychiatern und Psychoanalytikern befassen sich mit den Auswirkungen des 2. Weltkrieges auf Kinder und Kindeskinder, die bis heute nachwirken, aber mit zunehmendem zeitlichen Abstand wohl immer bedeutungsloser werden. Tina Soliman[55], zitiert in ihrem Buch „Funkstille" den Psychoanalytiker Werner Bohleber, der von der transgenerationalen Weitergabe der Kriegstraumata spricht sowie den Psychiater und Familientherapeuten Peter Heinl, der in seinen Seminaren Kriegskinder der zweiten und dritten Generation zu Wort kommen lässt. Er berichtet über die immer noch starken Auswirkungen des Weltkrieges auf die mittlerweile über 70jährigen. Die Kriegsereignisse und die Zeit danach können noch immer beträchtliche Auswirkungen auf die Erziehung durch die heutigen Großeltern beziehungsweise Eltern haben. Die Jugend heutzutage kann sich gar nicht vorstellen, unter welchen Entbehrungen die Großeltern ihre Kinder (die jetzige Elterngeneration) aufziehen mussten. Es herrschte z.B. echter Hunger! Kinder verhungerten vor allem in Städten, weil einfach zu wenig Nahrungsmittel vorhanden waren.

Es gab sogenannte staatliche Essensmarken aus Papier, womit man ein paar Dekagramm Brot, Fett oder Zucker erwerben konnte, zu wenig zum Leben und zu viel zum Sterben. Die Städter durchstreiften die umliegenden Landbezirke, um bei den Bauern irgendetwas Essbares zu ergattern. Zumeist wurden die Lebensmittel durch Tauschhandel (damals „Schleichhandel" genannt) erworben, wobei es völlig normal war, für einen Laib Brot z.B. ein schönes Ballkleid anzubieten. Die Großeltern gaben alles, damit sie ihre Kinder durchbringen konnten. Die Wertigkeitsskala orientierte sich ausschließlich nach dem Überlebenswert.
Ein verbogener, rostiger Nagel am Straßenrand liegend war ein Wertgegenstand; der wurde aufgehoben, geradegeklopft und aufbewahrt, denn es gab keine Nägel zu kaufen bzw. man hatte kein Geld dafür.

Wenn ein mit Kohle beladener Lastwagen in der Kurve ein paar Kohlestücke verlor, wurden diese blitzartig aufgehoben, denn man hatte nichts zum Heizen. Auch die Rossäpfel der Pferde wurden gesammelt, getrocknet und zum Heizen verwendet. Die Not kann man nur mit den heutigen Zuständen in ganz armen Entwicklungsländern vergleichen.

Und wie geht es uns jetzt? Die Begehrlichkeiten werden in unserer Wohlstandsgesellschaft immer größer, und die Enkel wissen nicht mehr wohin mit den vielen Spielsachen, die nur kurz von Interesse sind und sich in den Kinderzimmern unbeachtet türmen. Die Frustrationstoleranz der Kinder sinkt immer weiter, sie müssen alles haben und das sofort. Es liegen Welten zwischen der bitteren Not unserer Großeltern und dem Luxus, den unsere Enkel genießen können, nein **könnten**, denn sie sind gar nicht glücklich, sondern oft frustriert. Schon Sir Francis Bacon, britischer Philosoph (1561-1626) sagte:

Nicht die Glücklichen sind dankbar, es sind die Dankbaren, die glücklich sind!

Und für die Generation, die sowohl die entbehrungsreiche Nachkriegszeit als auch den Konsumterror der Jetztzeit erlebt hat, ist es nicht immer leicht, die richtige Balance in den Erziehungsleitlinien zu finden.

32. GIER, WUT UND HASS

Die Gier entspringt zumeist einem intensiven Verlangen z.B nach Besitz oder einer beruflichen Position, und stellt ein zutiefst egozentrisches Verhalten dar.
Jemand, der erst in den Anfangsjahren seines Berufslebens und am Beginn einer Karriere steht, und daher noch nicht entsprechende Erfolge vorweisen kann (auch nicht finanzielle), gerät in der heutigen Zeit nicht selten in die Begehrlichkeitsfalle. Er möchte rasch eine Stellung erreichen, welche die Eltern erst im Laufe vieler Jahre durch stetigen Arbeitseinsatz errungen haben. Er vergleicht seine Position mit jener der Eltern und schneidet anfangs wohl schlechter ab. Dieser Vergleich kann Gier auslösen, die zu Neid und später sogar zu Hass führen kann.

Schon Seneca (römischer Philosoph, 1 - 65 n.Chr.) meinte: „Nie wird einer glücklich sein, den das größere Glück eines anderen ärgert". Tatsächlich konnte mit Hilfe der Magnetresonanztomographie nachgewiesen werden, dass durch Neidgefühle eine erhöhte Aktivität in den dafür zuständigen Hirnarealen entsteht. Es ist auch nachgewiesen, dass jüngere Personen eher zu Neid tendieren, als dies bei älteren der Fall ist. Häufig führt Neid auch zu Hass unter Geschwistern, insbesondere bei Erbstreitigkeiten, wobei im Vorfeld auch die Eltern involviert sind, und in solchen Situationen nicht selten Wut und Zorn zu spüren bekommen.

Wut und Zorn sind explosive Emotionen, welche während des Wutanfalles sogar mit einem deutlichen Realitätsverlust einhergehen können, die aber nach Exzessen auch wieder rasch abklingen können. Im Unterschied dazu ist Hass völlig anderer Natur. Besonders ausführlich mit dem Thema Hass hat sich der schon oft zitierte Psychiater Prof. Dr. Reinhard Haller befasst, der in seinem Buch „Die dunkle Leidenschaft. Wie Hass entsteht und was er mit uns macht" (Gräfe und Unzer Verlag, München, 2022) schreibt: „Wut ist eine heiße Emotion, Hass hingegen eine kalte"[56] und weiter: „Während Wut eruptiv ausbricht und relativ rasch wieder abklingt, entwickelt sich Hass eher schleichend, um sich dann zu verfestigen und zu verbleiben". Haller präzisiert Hass als Emotion, an der sich nichts Positives finden lässt.

Schon Aristoteles sagte: „Der Zorn ist vorübergehend, der Hass dauernd". Hass, diese abscheulichste und destruktivste aller Emotionen, ist nur auf Zerstörung ausgerichtet. Er kann mit Gesprächsverweigerung („toxischem Schweigen") beginnen, zu unmotivierten verbalen Attacken führen, auf die Erniedrigung des Gehassten aus sein, ja sogar auf dessen Vernichtung abzielen. „Hass, der sogar das vernünftige Denken übertönt, ist die primitivste aller Emotionen" urteilte Sigmund Freud.[57]

Hauptauslöser von Hass sind Kränkungen, egal ob es tatsächliche oder nur vermutete und als solche empfundene sind. Besonders sensible Menschen sind dafür empfänglicher und rufen beim Gekränkten Wut, Enttäuschungen und in Situationen von Abhängigkeit, wie dies bei Kindern ja lange Zeit ist, sogar Ohnmachtsgefühle hervor. „Dagegen wehrt sich der Gekränkte mit allen Mitteln, er sinnt auf Rache an der Person, die ihn gekränkt hat, im Extremfall auf deren Vernichtung – das ist dann Hass".[58]

Hass entsteht oft aus ohnmächtiger Wut und kann sich zu einem bösartigen „Seelenkrebs" entwickeln. Das rationale Denken ist ausgeschaltet. Der hilflos Hassende fühlt sich ausgeliefert und handlungsunfähig. Erst wenn er sich der verhassten Situation entzieht (z.B. durch Familienabbruch), fühlt er sich wieder handlungsfähig, was manchmal auch mit dem nicht nachvollziehbaren Wunsch der Vernichtung der Eltern verbunden sein kann. Vorangegangene akute Aggressionshandlungen seitens der Abbrecher, die den Abbrechern zwar kurzfristig den Druck des Hassens erleichtern, bringen keine positive Wendung mehr, wenn sich der Hass verfestigt und die gesamte Psyche durchdrungen hat. Schließlich bleibt nur noch der Bruch mit dem Elternhaus.

Es ist erschreckend, wie Hass einen Menschen verändern und gefangen nehmen kann. Besonders bösartig ist die Trias: Gier – Wut – Hass! Der Kriminologe Kai Bussmann meint in diesem Zusammenhang aus eigener Erfahrung: „Die Familie ist ein Schlachtfeld", was in zahlreichen Trennungsszenarien auch bestätigt wird. In der Gier achten die Betroffenen weder auf sich noch ihre Mitmenschen, sie wollen nur „haben".

Wenn man mit Eltern spricht, deren Kinder die Familie verlassen haben, wird häufig von extremen Wutreaktionen der Kinder berichtet.

Diese Wutreaktionen werden manchmal durch nichtige Anlässe ausgelöst. Diane Tice[59], Psychologin an der Case Western Reserve-Universität, meint, dass die Wut jene Stimmung ist, die die Menschen am schlechtesten unter Kontrolle bringen können. Die Wut ist von allen negativen Emotionen die verführerischste. Der selbstgerechte innere Monolog, der sie antreibt, liefert die überzeugendsten Argumente dafür, der Wut freien Lauf zu lassen. Ist man bereits in einem gereizten Zustand, können schon geringfügige Anlässe zu absurden emotionellen Explosionen führen.

Vor dem Familiencrash ist das Verhältnis der Abbrechenden zu mindestens einem Elternteil besonders gestört. Häufiger problematisch sind die gleichgeschlechtlichen Beziehungen, also Vater-Sohn-Beziehung und Mutter-Tochter-Beziehung. Der weniger involvierte Elternteil ist meistens besonders bemüht, das Gleichgewicht zwischen Kind und Elternhaus aufrecht zu erhalten. Dem Abbrecher ist das egal, er bricht mit Vater und Mutter gleichermaßen, er weiß ja, dass beide Elternteile betroffen sind.

Alle Versöhnungsversuche des Frieden stiftens wollenden Elternteiles – sei es der Vater oder die Mutter – bleiben frustran. Manchmal scheint es so, dass die hassenden Abbrecher es nicht ungerne sähen, wenn auch die verlassenen Eltern ob des Familiencrashs untereinander in Streit gerieten. Sollten die Eltern weiter zusammenhalten, werden beide Elternteile mit Verachtung gestraft. Von einem befreundeten verlassenen Elternpaar, bei dem der Anlass des Abbruches ein Vater-Sohn-Konflikt war, kam von Seiten der Mutter folgende bedeutungsschwere Aussage, als sie zu ihrem Verhältnis zum Sohn befragt wurde, der den Abbruch vollzogen hatte: *„Ich liebe ihn, weil er mein Sohn ist,* **aber zum Freund würde ich ihn nicht wählen**". In diesem Satz fühlt man das ganze tiefgreifende Dilemma, in dem sich die Mutter befand, zusammengefasst. Ersteres sagte sie aus Pflichtgefühl,

Letzteres entspricht ihrer inneren Neigung und Beurteilung.
Eine nicht unwesentliche Eigenschaft des Narzissmus ist die Gier nach Erfolg auf allen Linien: nach Geld, Anerkennung, Macht, Besitz und Überlegenheit gegenüber anderen. Ein gewisses Maß, nach den genannten Dingen zu streben, wohnt wohl jedem inne, ist notwendig und für das Leben unabdingbar, es kommt aber wie immer auf die Dosis an.

Es gibt Menschen, die von ihren Mitmenschen fordern und selbst wenn sie das Geforderte bekommen nicht dankbar sind, sondern nur noch mehr fordern. Bekommen sie das Gewünschte nicht, reagieren sie im Extremfall mit der malignen Form des Narzissmus und Überflutung.

Dazu wurde mir eine typische Begebenheit berichtet:

Ein Vater beklagte sich bei mir über folgende hassmotivierte und geradezu absurde Vorgangsweise seines Sohnes Theodor, die den Familienabbruch einleitete:
Der Vater hatte das rechts angrenzende Nebengrundstück des alten Hauses gekauft, in dem die Kinder aufgezogen worden waren und auf dem erworbenen Areal ein Betriebsgebäude errichtet.

Später konnte er auch das linke Nachbargrundstück erwerben und baute auf diesem ein neues Wohnhaus für die Familie. Das alte Haus, das der Mutter gehörte, wurde dem älteren Sohn Theodor und seiner Lebensgefährtin überlassen. Nachdem Theodor die berufliche Ausbildung beendet hatte, nahm ihn der Vater als Kompagnon in seine Firma auf. Anfangs ging alles gut, aber mit der Zeit verschlechterte sich das Klima zwischen Sohn und Vater immer mehr, sodass es schließlich als geradezu feindselig bezeichnet werden musste. Einer Aussprache, die den Grund der eingetretenen Eiszeit klären sollte, wurde vom Sohn immer strikt abgeblockt. Jeder Versuch des Vaters, ein freundliches Gespräch zu beginnen, wurde torpediert und endete schnell damit, dass Theodor wild schreiend Schimpfkanonaden gegen den Vater ausstieß und damit jedes konstruktive Gespräch unterband.

Vom neuen Wohnhaus führte der kürzeste Weg zum Betriebsgebäude über das Grundstück der Mutter. Einmal, als der Vater wieder dieses Grundstück überquerte, stellte sich Theodor ihm in den Weg und schrie: *„Du hast hier nichts mehr zu suchen! Verschwinde! Du darfst das Grundstück nicht mehr betreten"*.

In höchstem Maße verwundert und betroffen, erklärte der Vater, dass das Grundstück ja der Mutter gehöre und Theodor gar nichts verbieten könne und was überhaupt in ihn gefahren sei, so ein Ansinnen vorzubringen. Der Sohn erging sich nur in weiteren Hasstiraden. Der Vater verließ wortlos das Grundstück, verwundert und schwer gekränkt über den unerklärlichen Hass, der ihm entgegengeschlagen war.

Aber es kam noch ärger! In blindwütigem Hass schusterte der Sohn am Tag darauf eine behelfsmäßige Durchgangssperre (quasi als Zaun) aus verschiedenen Materialien zusammen, um das Überqueren des Grundstücks zu verhindern. Er benützte dazu unterschiedlich lange Leitungsrohre, verschiedene Holzlatten, die er notdürftig irgendwie miteinander verkeilte, ferner Plastikteile, Stacheldrahtstücke und Ähnliches, was er gerade zur Hand hatte; das Ganze sah jämmerlich aus! Theodor realisierte nicht, dass er zwischen zwei Grundstücken, die ihm beide nicht gehörten, dieses Machwerk errichtet hatte. Aber Hass macht blind!

Die hasserfüllte Verblendung musste jeden Realitätssinn lahmgelegt haben. Der Vater verzichtete auf eine Anzeige, so wie er auch nie daran dachte die oftmaligen ehrenrührigen Verbalinjurien gerichtlich ahnden zu lassen. Er erkannte, dass es sich bei den Exzessen des Sohnes um typische **narzisstische Überflutungen** handelte. Wie ging es weiter?

Auf Bitten der Mutter entfernte Theodor in den nächsten Tagen – mittlerweile wieder zur Besinnung gekommen – diese „Barrikade". Auf die Frage der Mutter, was er sich dabei gedacht hätte und warum er das getan habe, antwortete er nur: *„Ich bin halt eine „Borderline-Persönlichkeit".* Der Vater zeigte mir auch ein Foto der „Murks-Barrikade"; wir mussten herzlich lachen. („Borderline": siehe Lit.verz. 101) Auf die Frage des Vaters an Theodor: *„Warum hasst du mich so?"* gab der Sohn nie eine Antwort; offensichtlich konnte er die Ursache nicht in konkrete Worte fassen, oder er schämte sich, seine Beweggründe darzulegen. Aber er war für sein Tun natürlich verantwortlich. Wenig später erfolgte der endgültige und in der Rückschau längst fällige Familienabbruch durch den Sohn. Ich gratulierte dem Vater!
Ist es nicht die **„Strategie der Genesis"** die letztlich auf Gier und Konkurrenzkampf bis zum Äußersten aufbaut? Und zwar in allen Lebensbereichen, sowohl im Pflanzenreich, wie auch im Tierreich so auch beim Homo sapiens! Ein Bäumchen wird versuchen schneller zu wachsen als der Nachbarbaum, um mehr Sonnenstrahlen zu erhalten, als die daneben stehende Pflanze. Das im Nest lauter nach Nahrung schreiende Küken, wird mehr Futter bekommen, als das ruhigere. Und das stärkere Küken wird, wenn es dazu in der Lage ist, den Futterkonkurrenten aus dem Nest drängen. Und der einzige Sinn der Erziehung und Ausbildung des Menschenkindes ist, für den Konkurrenzkampf im Leben besser gerüstet zu sein, um Mitbewerber zu übertrumpfen und aus dem Feld schlagen zu können. Letztlich unterliegt alles Leben dem Darwinismus in Reinkultur und die zivilisatorische Tünche ist sehr, sehr dünn.

Die Gier kann unterschiedlich ausgeprägt sein. Bei manchen endet sie nie. Besonders demotivierend ist für manche, ertragen zu müssen, dass der andere mehr besitzt. Umgekehrt ist es versöhnlich zu wissen, dass der andere weniger hat oder weniger erfolgreich ist, als man selbst. Eine Parabel lässt die Bösartigkeit der Gier besonders deutlich erkennen:

Eine Fee sagt zu dem Gierigen: „Du kannst dir wünschen was du willst, aber bedenke, dass dein ungeliebter Nachbar von allem, was du dir gewünscht hast, das Doppelte bekommt". Der Gierige denkt sehr lange nach, dann sagt er zur Fee: „Entferne mir ein Auge".

33. EINFLUSS DER LEBENSPARTNER

Wesentlichen Einfluss auf einen Familiencrash können auch die Lebenspartner der erwachsenen Kinder haben. Obwohl jeder Abbruch unterschiedlich ist und es tausend verschiedene Varianten des Abbruches gibt, sind doch immer wieder ähnliche Kausalitäten erkennbar, sodass sich auch typische Verlaufsformen herauskristallisieren können.

Es ist eine altbekannte Tatsache, dass sich Söhne oft der Familie der Lebenspartnerin zuwenden, während Töchter eher dem eigenen Familienverband verbunden bleiben; davon berichtet schon die Bibel: „…und er wird seinem Weibe folgen und die Eltern verlassen".

Auch hier finden sich entwicklungsgeschichtliche Wurzeln aus dem Tierreich. Die männlichen Nachkommen verlassen in vielen Populationen ihre angestammte Gruppe um eine eigene zu gründen. Innerhalb der Gemeinschaft, in der sie aufgewachsen sind, haben sie geringere Chancen ihre Eigenständigkeit, Unabhängigkeit und Dominanz zu beweisen und eine Alpha-Position zu erreichen. Sie müssten die älteren und mächtigeren Herdenführer im Kampf besiegen, um aufzusteigen. Es ist oft einfacher, die eigene Gruppe zu verlassen, um eine eigene zu gründen, wie dies z.B. bei männlichen Löwen, Hirschen, Pferden etc. der Fall ist, und auch beim Menschen finden sich Relikte dieser Verhaltensweise.

Für die männlichen Nachkommen erscheint es oft angenehmer, sich dem elterlichen Einflussbereich zu entziehen, und jenen Lebensabschnitt hinter sich zu lassen, wo sie von klein auf vollkommen abhängig waren und es naturgemäß auch mehr oder weniger Friktionen gab.

Das Kind musste sich über Jahre hindurch im Rahmen der Erziehung unterordnen. Der/die erwachsene Sohn/Tochter sucht eine/n Lebenspartner/in samt einem neuen Umfeld, das in keiner Weise durch ein vorangegangenes Abhängigkeitsverhältnis belastet ist. (Merken Sie, wie holprig Gendern ist? Darum habe ich weitgehend darauf verzichtet). Die jungen Erwachsenen wollen frei sein von Vergangenem, von manchmal vielleicht sogar als demütigend empfundenen Reminiszenzen und in einem neuen sozialen Umfeld eine unbelastete, vielleicht sogar dominierende Rolle ausüben können. Voraussetzung hierfür bieten nicht nur die aus freien Stücken gewählte Lebenspartnerschaft, sondern auch der dazugehörige neue familiäre Anhang. Eine alte Volksweisheit formuliert ganz einfach: „Er wechselt die Seite und zieht zur Familie der Lebenspartnerin; sie bleibt in ihrem Familienverband"; ein weiterer geflügelter Satz lautet: „Durch die Verbindung eines Paares verliert die eine Familie keine Tochter, aber die andere verliert einen Sohn".
Und immer wieder taucht der Begriff „böse Schwiegertochter" auf, deren Ziel es ist, die Sohn-Eltern-Bindung zu zerstören, um den Sohn ganz für sich zu haben. Die Partnerwahl kann oft Anlass für den Familienzerfall sein.

Glücklicherweise wird in der überwiegenden Mehrzahl der Verbindungen ein neues Kapitel aufgeschlagen, welches von allen in beiden Familien positiv empfunden wird. Wunderschön hat dies Hermann Hesse, der bekannteste deutschsprachige Schriftsteller des 20. Jahrhunderts[60], in seinem 1941 verfassten Gedicht „Stufen" ausgedrückt: *„Und jedem Anfang wohnt ein Zauber inne, der uns beschützt und der uns hilft, zu leben."*

Leider liegt es manchmal durchaus im Interesse der Partnerin, den Partner seinem Elternhaus sehr bewusst zu entfremden; manche Schwiegertöchter wollen ihren Partner ganz für sich vereinnahmen, indem sie diese Ablösung vorantreiben. er verliert dadurch im Falle kommender Zwistigkeiten seine Hausmacht und die Stellung der Partnerin, die weiterhin den Rückhalt ihrer Familie hat, ist gestärkt.

Dass der Verlust des Zusammenhaltes der verlassenen Familie mit dem Abbrecher durchaus von Bedeutung sein kann, ist folgendem Vorfall zu entnehmen:

Bei einem heftigen Streit zwischen dem Abbrecher und seiner Lebensgefährtin stolperte diese über eine Stiege – zum Glück ohne sich dabei zu verletzen. Die Lebensgefährtin Traude berichtete dies – vielleicht ein wenig dramatisierend – ihrer Familie. Ein Onkel – ein aus psychischen Gründen berufsunfähiger Jurist – ließ sich unerklärlicherweise zu der Bemerkung hinreißen: Das war ein Mordversuch! Zutiefst getroffen und verstört, suchte der derart Verdächtigte bei dem sonst ungeliebten Vater Hilfe, der ihm die Unsinnigkeit der Anschuldigung beschwichtigend erklärte und den Sohn umarmte. Dieses Verhalten wird von Psychotherapeuten als „Containing" bezeichnet. Dem Sohn fiel ein Stein vom Herzen und er sagte zum Vater gerührt, fast schluchzend zweimal: „Bist ein guter Vater"!

Der Begriff „Containing" wurde erstmalig 1962 von dem britischen Psychoanalytiker Wilfred Bion[61] geprägt und ist eine Hilfestellung zur affektregulativen Verarbeitung angsterfüllter Ereignisse, die für den Betroffenen zunächst unregulierbar sind. Durch das beruhigende Auftreten des Vaters wurde die Situation wieder entschärft.

Aber nachdem durch die Hilfestellung des Vaters der Boden der Realität wieder erreicht worden war, traten die Feindseligkeiten des Sohnes gegenüber dem Vater bald wieder unvermindert auf.
Oft erkennen die ihrer Familie entfremdeten Kinder erst zu spät, dass sie sich durch den Bruch mit dem eigenen Elternhaus in eine neue, viel größere Abhängigkeit gebracht haben. Es ist auch immer wieder beobachtbar, dass vorrangig finanzielle Überlegungen ausschlaggebend sind, um den Lebenspartner vom Elternhaus zu isolieren – besonders dann, wenn dieser in erster Linie als **Cash-cow (frei übersetzt: „Goldesel")** ausgenützt wird.

Ein Beispiel:
Wie mir in einem Fall berichtet wurde, war die Lebenspartnerin Berta aus egoistischen Gründen maßgeblich am Abbruch ihres Partners mit seinen Eltern interessiert. Sie war schon eine Enddreißigerin und vorangegangene Beziehungen waren gescheitert. Sie war zwar sehr fleißig, hatte es aber nur zu einer subalternen beruflichen Position gebracht. Ihre finanzielle Situation im Rahmen einer Teilzeitbeschäftigung war für sie keineswegs zufriedenstellend. Aufgrund ihrer von sich selbst sehr überzeugten, geradezu rechthaberischen Wesensart, ließ sie in der Kollegenschaft unbeliebt werden. Insgesamt hatte sie es nicht so weit gebracht, wie es ihrer subjektiven Einschätzung entsprechend hätte sein sollen. Weitere Aufstiegschancen standen aber nicht in Aussicht.

Dass sie und Ulrich zusammentrafen, war für Berta ein richtiger Glücksfall, wurde sie dadurch nicht nur in gesellschaftlicher Hinsicht in eine höhere Ebene gehievt, sondern es war für sie vor allem finanziell ein großer Gewinn, was ihren ehrgeizigen Intentionen sehr entgegenkam. Zudem vermochte sie ihren Lebensgefährten sehr geschickt zu manipulieren. Er hatte eine sehr gut dotierte, krisensichere Anstellung. Die Motivation zur Verbindung mit Ulrich – dem späteren Familienabbrecher – war eher reines Kalkül.

Kurze Zeit darauf wurde Berta schwanger, brachte eine liebreizende Tochter zur Welt und kündigte ihr Dienstverhältnis. Ulrich konnte seiner Lebensgefährtin ein deutlich höheres Gehalt anbieten, als Berta in ihrer vorherigen Teilzeitbeschäftigung verdient hatte und auch ihre gesellschaftliche Stellung wurde gehoben. Damit hatte Berta vieles von dem erreicht, was sie von Anfang an wollte.

Das Verhältnis zwischen den Eltern, dem Sohn Ulrich und Berta war anfangs recht herzlich. Berta hatte natürlich auch ihre guten Seiten, sie war sehr zielstrebig und fleißig, dennoch trübte sich das Verhältnis nach und nach ein. Ihr anfangs bescheidenes, später zunehmend rechthaberisches Wesen fiel unangenehm auf.

Anfänglich war Berta bemüht, die gespannte Haltung des Sohnes gegenüber seinem Vater zu entkrampfen und Frieden zu stiften. Ihre diesbezüglichen Bemühungen fruchteten leider nicht und die Fronten zwischen Sohn und Vater verhärteten sich zunehmend. Für die weitere Zukunft boten sich für Berta zwei Strategien an: Weiterhin zu versuchen, versöhnend auf Vater und Sohn einzuwirken, oder die Trennung voranzutreiben. Sie hatte aber – ihren eigenen Vorteil bedenkend – gar keine andere Wahl, als sich ganz auf die Seite ihres Lebensgefährten zu schlagen.

Der Versuch, ihrem Partner klarzumachen, dass nie eine Seite die alleinige Schuld an Zerwürfnissen hat, musste fehlschlagen, da ein Narzisst keine Kritik verträgt und seine Anschauung des Sachverhaltes immer richtig ist! Von nun an gab Berta ihrem Partner immer recht, wodurch sie gleichzeitig vom Narzissten noch mehr geschätzt wurde. Hätte sie anders gehandelt und Ulrich kritisiert und hätte sie dieser fallen gelassen, wäre sie zu einer alleinerziehenden Mutter ohne Anstellung und ohne Wohnung geworden.

Berta, nunmehr im Betrieb angestellt, verstieg sich sogar so weit, dem Vater, dem Erbauer und Inhaber des Betriebsgebäudes, kategorisch das Betreten seines eigenen Betriebes zu verbieten. Diese und weitere feindliche Aktionen gegen den Vater gefielen dem narzisstisch verblendeten Sohn sehr und Berta festigte dadurch ihren Anwert beim Sohn erheblich. Der Crash war vorprogrammiert!

Sohn Ulrich und Berta steigerten sich in ihrer Feindschaft gegen den Vater gegenseitig immer weiter, bis es schließlich zu dem von beiden gewünschten Abbruch kam. Gewonnen hat bei dem Familiencrash nur eine, nämlich Berta. Ihr ist es gelungen, den Sohn ganz für sich zu vereinnahmen, ihn von seiner Familie zu trennen, der dadurch seine „Hausmacht" verlor und mit erbrechtlichen Konsequenzen rechnen musste (es gab ja noch andere Kinder), während Berta ihre ganze Verwandtschaft auf ihrer Seite wusste.

Für Ulrich war die Verbindung nicht gerade glückhaft. Kurz nach dem Kennenlernen hatte Berta ihre eigene Wohnung verkauft und zog in das Elternhaus von Ulrich, das seiner Mutter gehörte; dieses Haus war dem Sohn ans Herz gewachsen, aber seiner Lebensgefährtin zu klein, zu wenig repräsentativ und genügte nicht ihren gehobenen Ansprüchen. Da sie im Betrieb mangels Qualifikation nicht viel leisten konnte, blieb von nun an alles an Ulrich, der **Cash-cow,** hängen.

34. KRÄNKUNGEN

Eine der Hauptursachen, die zum Familien-Crash führen, sind Kränkungen. In seinem Buch „Die Macht der Kränkung" hat der bekannte Psychiater Reinhard Haller[62], diesen großen Themenkomplex in hervorragender Weise eingehend dargelegt. Er schreibt: „Nichts beeinflusst Stimmung und Motivation, nichts Befindlichkeit und Lebensqualität, nichts unser Selbstwertgefühl so sehr wie manche Kränkung", und weiter: „Da Kränkungen das Individuum in seinem Innersten, im Kern der Persönlichkeit treffen, erleben wir sie als Generalangriff auf das gesamte Ich".

Kränkungen ziehen sich von Anfang an durch die gesamte Menschheitsgeschichte. Nach der Bibel wurde der erste Mord durch Kränkung und Neid ausgelöst. (Kain, der Ackerbauer, erschlug seinen Bruder, den Hirten Abel, weil sein Opfer nicht ebenso wohlgefällig aufgenommen wurde). Homers Ilias beschreibt den Trojanischen Krieg zwischen Griechenland und Troja, der durch Gekränktheit ausgelöst wurde, und die Menschheitsgeschichte ist voll von weiteren Beispielen, in denen Kriege und sogar Weltkriege durch Kränkungen verursacht wurden.

Kränkungen durchziehen unser Leben, sie sind allgegenwärtig und nicht vermeidbar. Wir werden gekränkt und kränken andere, oft ohne dass es uns selbst bewusst wird. Man teilt oft aus, ohne es zu merken, man steckt aber auch ein, ohne dass der Kränkende es bemerkt. In seinem Buch „Die Macht der Kränkung" postuliert Reinhard Haller den Begriff des „Kränkungsbewusstseins" (Seite 14), um mit Kränkungen besser umgehen zu können, was den Betroffenen sicher helfen kann. Mit dem Kränkungsthema haben sich seit jeher viele berühmte Persönlichkeiten befasst, so z.B. die Mystikerin Hildegard von Bingen[63], der Psychiater Sigmund Freud[12], der Psychiater Erwin Ringel[64] und der Psychoanalytiker Alfred Adler[65] , der meinte, dass eine als ungerecht empfundene Ohrfeige das ganze Leben eines Kindes wesentlich beeinflussen kann. Über die Kränkungsthematik gibt es eine Fülle von Publikationen, und Kränkungen sind eine der häufigsten Ursachen von Kontaktabbrüchen in Familien.

Die Kränkbarkeit hängt wesentlich von der Resilienz ab, der Fähigkeit Kränkungen zu ertragen und zu verarbeiten. Resiliente Menschen sind widerstandsfähiger gegenüber Ärgernissen jeglicher Art, sie können mehr ertragen. Narzisstische Menschen zeigen eine erhöhte psychische Verletzbarkeit, haben also eine geringe Resilienz. Sie vereinen treffsicheres Kränken anderer mit hoher eigener Kränkbarkeit, weil sie meist über kein hohes Selbstbewusstsein verfügen aber über eine hohe Selbsteinschätzung. Sie sind laut Reinhard Haller nicht nur egozentrisch, selbstherrlich, arrogant und entwertend – also kränkend – sondern auch extrem empfindlich. So stark der Narzisst im Austeilen ist, so schwach ist er im Einstecken. R. Haller vergleicht ihn mit einem Boxer, der schlechte Nehmerqualitäten hat. So rücksichtslos er mit den Gefühlen anderer umgeht, so sehr ist er um sein eigenes Wohl besorgt.
Generell wirken Kränkungen umso schwerer, je näher sich Kränkender und Gekränkter stehen, daher haben sie innerhalb der Familie besondere Sprengkraft.

Ein Beispiel:
Nachdem der Senior die Firma aufgebaut hatte, seinen Sohn Viktor in allen beruflichen Belangen bestmöglich gefördert und in seine Firma aufgenommen hatte, sagte Viktor, nachdem sich die Entfremdung zur Feindseligkeit gesteigert hatte, zu seinem Vater urplötzlich ganz cool: **„Hast alles vergeigt"**! Eine gnadenlose Abwertung! Wenn eine bewusst erniedrigende Aussage getätigt wird, ohne den konkreten Grund anzugeben, worauf sich das „vergeigt" bezieht, kann nichts

besprochen oder geklärt werden; es ist ausschließlich eine bewusste bösartige Kränkung auf die Frage des Vaters *„Warum, was meinst du damit?"* gab ihm der Sohn keine Antwort, aber es lag nahe, dass der Sohn eigentlich nur mehr Geld wollte; darüber hätte man ja reden können. Viktor wollte aber seine erhebliche finanzielle Begehrlichkeit nicht direkt aussprechen. Alle anderen fördernden Bemühungen wurden ohnedies nicht geschätzt. So hatte der Vater dem Sohn und seiner sehr auf materiellen Vorteil ausgerichteten Lebensgefährtin unter anderem ein sehr schönes Penthouse in bester Lage kostenlos zur Verfügung gestellt – aber alles war zu wenig. Diese präpotente Aussage, die nur auf Entwertung aus war, ließ in diesem Moment auch beim Vater eine tiefe Kluft aufbrechen, da ihm mit einem mal klar wurde, dass ihm vom Sohn nur mehr Hass entgegenschlug.
Kränkungen treffen besonders schwer, wenn sie von nahestehenden Menschen ausgehen, von denen man sich diese am allerwenigsten erwartet, von Menschen, für die man viel hatte tun können, die man liebt oder geliebt hat. Derartig schwere Abwertungen, die zudem in diesem Fall jeder nachvollziehbaren Grundlage entbehrten, haben einen ausgeprägt destruktiven Charakter, zumal im geschilderten Fall eine unverhohlene Feindschaft zutage trat.

Besonders schwer wirken Kränkungen, wenn sie einen sogenannten „wunden Punkt" treffen. Der Vater, dem es größtes Anliegen gewesen war, alles für das berufliche Fortkommen der Kinder zu tun – **was in einer intakten Familie ja vollkommen selbstverständlich ist** – musste erkennen, dass nichts davon geschätzt wurde. Und er hatte sehr viel für Viktor tun können. Dieses mit betonter Süffisanz ausgesprochene *„Hast alles vergeigt"*, zerriss das bisher auf Seite des Vaters noch immer vorhandene Band des Wohlwollens zum Sohn. Weitere Toleranz gegenüber den vom Sohn immer wieder ausgehenden Exzessen würde er von nun an nicht mehr entgegenbringen; und bald folgte der Familienabbruch.

Kränkungen führen zu Enttäuschungen. Enttäuschungen können damit definiert werden, dass Erwartungen (auch völlig unrealistische) nicht erfüllt worden sind; das heranwachsende Kind kann durch wiederholte Enttäuschungen eine negative Grundstimmung entwickeln, die auch Rachegedanken entstehen lässt. Die Heranwachsenden können den oft schon früh heimlich in sich getragenen Wunsch nach Trennung zunächst nicht realisieren, zumindest so lange nicht, als sie finanziell oder anderwärtig von ihren Eltern noch abhängig sind. Sind sie aber – zumeist ohnedies ausschließlich durch die Hilfe ihrer Eltern – in die Lage versetzt worden, den Familien-Crash zu vollziehen, wird er mit einem Schlag realisiert: Die Rache des Narzissten!

Ein anderer Bekannter, der schon lange Zeit Auseinandersetzungen mit seinem Sohn Werner hatte, berichtete mir verstört, dass der Sohn aus einem Familiengruppenbild, das im Wohnzimmer hinter dem Esstisch an der Wand hing, sein eigenes Bild einfach herausgeschnitten hatte. Damit wollte Werner nicht nur die restlichen Familienmitglieder kränken und demonstrativ seine Verachtung zeigen, sondern es war auch ein Zeichen, dass er hasserfüllt bald den Kontaktabbruch realisieren werde, den er innerlich schon längst vollzogen hatte. Es ging ihm bei dieser Aktion nur um zusätzliche Provokation.

Manche Kränkungen können aus Verletzungen des Gerechtigkeitsgefühls abgeleitet werden, wobei Gerechtigkeit von jedem subjektiv anders empfunden wird. Ein breites Feld bieten hier Erbstreitigkeiten. Dabei geht es meistens um Geld, denn Geld wird von Vielen als ultimatives Synonym für Zuwendung und Wertschätzung angesehen. Nicht selten wird von den Eltern der Abbrecher berichtet, dass es eigentlich **nur um das Geld** ging. Geld als Hauptgrund für Zerwürfnisse ist häufig, nur gesteht sich der Abbrecher dies oft nicht ein, weil er sich doch schämt.

Bericht eines Bekannten:
Als der Senior einmal im Rahmen eines gemütlichen Beisammenseins vor den Kindern und deren Lebenspartnerinnen scherzhaft erwähnte, dass es wohl langsam an der Zeit sei, an sein Testament zu denken, fragte die Freundin seines Sohnes aus heiterem Himmel ganz entlarvend: **„Müssen wir uns vor dem Testament fürchten?"**. Auch, wenn sie versucht hatte, diese Frage mit einem Touch von Humor vorzubringen, ließ die frappante Spontaneität tief blicken. Also war die Gefährtin doch besorgt und hatte ein schlechtes Gewissen ob ihrer und des Sohnes Verhaltensweise gegenüber dem Vater. Auch dieses junge Paar vollzog im späteren Verlauf den totalen Familienabbruch.

Zu den tiefst empfundenen Angriffen zählen jene gegen unseren **Selbstwert.** Der Selbstwert ist nichts Absolutes und ändert sich im Laufe des Lebens. Die Kränkbarkeit hängt aber sehr von unserem Selbstbewusstsein ab; je selbstsicherer wir sind, desto weniger sind wir anfällig für Kränkungen. Ein Mitglied des Hochadels wurde einmal gefragt, ob er wegen einer massiven Beleidigung nicht betroffen sei. Er antwortete selbstbewusst: *„Wer mich beleidigen kann, bestimme ich"*! Und ein ehemals recht bekannter Jugendbuchautor ließ einen sehr selbstsicheren Mann, der ob einer massiven Beleidigung ungerührt blieb, sagen: *„Dieser Mensch kann mich nicht beleidigen. Wie kann ein Frosch die Sonne beleidigen?"*
Meint ein Kind, zu wenig Zuwendung erhalten zu haben, wird es gekränkt reagieren, manchmal auch bis ins Erwachsenenalter. Die Kränkung kann eine beträchtliche destruktive Energie hervorrufen, welche sich zu einem späteren Zeitpunkt bei scheinbar nichtigen Anlässen geradezu explosiv entladen kann. Wir sind auf unserem Lebensweg von Anfang an mit Kränkungen konfrontiert. Eine besondere Kränkung erfahren ältere Kinder durch die Geburt jüngerer Geschwister, da von nun an naturgemäß dem kleineren Kind mehr Aufmerksamkeit gegeben werden muss. Es kommt sogar vor, dass

ältere Kinder plötzlich wieder zu Bettnässern werden und Windeln benötigen, nur um damit mehr Zuwendung zu erzwingen. Das ältere Brüderlein, das sich durch das jüngere Schwesterchen entthront fühlte, eifersüchtig und bockig wurde, sagte zur Mutter: *„Alles wäre wieder gut, wenn die Maria nicht da wäre; kannst du sie nicht zurückgeben?"* (Persönliche Mitteilung einer Mutter aus dem Bekanntenkreis). Dieselbe Situation berichtet Philippa Perry[40] (Seite 90) wo das ältere Geschwister sagt: *„Ich mag das Baby nicht, ich möchte, dass du es ins Krankenhaus zurückbringst".*

Das Schlimmste ist, wenn Kinder und Eltern nicht mehr streiten, sondern nur mehr Schweigen herrscht. Schweigen ist eine tiefe wortlose Kränkung! „Jemanden anzuschweigen ist im Zwischenmenschlichen die größte Strafe überhaupt…..Es ist einfach wahnsinnig feige, ist purer Egoismus" sagt der Psychotherapeut Udo Rauchfleisch[66] und weiter: „Solch ein Abbruch hat schon etwas sehr Egoistisches! Darunter liegt aber vor allem eine extreme Unsicherheit, sich nicht artikulieren zu können, sich nicht zu trauen, oder aber die Situation, dass jemand denkt: Jetzt habe ich das x-mal angedeutet. Jetzt reicht´s, jetzt geh´ ich." Und auch der Psychotherapeut Hans Wedler[67] sagt: „Abbruch ist schon etwas sehr Gewalttätiges". Derjenige, der den Abbruch beabsichtigt, lässt sich auf kein Gespräch mehr ein, auch wenn es noch so oft angeboten wird. Er setzt Schweigen als Waffe ein und das kann geradezu wie psychische Folter empfunden werden, wie mir von Betroffenen berichtet wurde.

Möglicherweise müssen sich die Eltern eingestehen, in der Erziehung große Fehler gemacht zu haben; vielleicht haben sie den Kindern viel zu wenig Empathie oder Zuwendung entgegen gebracht, aber auch das abbrechende Kind kann versagt haben und kann sich kaum vorstellen, was es ausgelöst hat. Sind sie auch nur annähernd in der Lage sich durch Selbstreflexion in die Ursachen hineinzudenken, womit sie selbst zur Entfremdung beigetragen haben? Nein, vermutlich nicht! Ihre Ansicht ist, die Eltern haben versagt und sind zu lebenslänglich verurteilt, ohne Anrecht gehört zu werden oder die Möglichkeit auf Verteidigung gewährt zu bekommen, ohne Chance einer Klarstellung oder Wiedergutmachung. Jeder Verbrecher erhält die Chance auf Verteidigung. Die Eltern aber werden ohne jede Verteidigungsmöglichkeit schuldig gesprochen.

Ist man sich gegenseitig kein Wort mehr wert, zieht sich ein Teil zurück, dann kann nichts mehr geklärt werden. Schweigt man beharrlich, so ist der Weg zur Konfliktaufarbeitung blockiert und es kommt zur totalen Entfremdung, ja letztlich zu Hass. Das Sprichwort *„Reden ist Silber, Schweigen ist Gold"* gilt hier ganz und gar nicht und ist bei diesen familiären Auseinandersetzungen vollkommen fehl am Platz! Die Devise sollte vielmehr lauten: **reden, reden, reden!**

> *Der böseste Streit ist noch immer besser, als totales Schweigen!*

Dass Kränkungen bei narzisstischen Persönlichkeiten besonders schwer wiegen, wurde im Kapitel NARZISSMUS schon beschrieben. Sie sind Menschen, die sehr gut effektiv kränken können, aber selbst aufgrund ihrer Empfindlichkeit Kränkungen gar nicht ertragen oder verarbeiten können.

Detail am Rande: Das narzisstische erwachsene Kind hat sich nie für die Großeltern interessiert, die verstarben, als es noch klein war. Es weiß deren Vornamen nicht, kennt deren Beruf nicht, natürlich nicht deren Geburts- und Sterbedatum und hat auch kein einziges Mal deren Gräber besucht; die Verstorbenen interessieren nicht, sie können ja auch nicht mehr nützen, sie befinden sich außerhalb des narzisstisch-egozentrischen Kreises.

Der Psychologe Dr. Peter Teuschel[68] beschreibt eine weitere Motivation zum Kontaktabbruch. Dieser kann auch dadurch verursacht sein, dass sich ein Kind als „schwarzes Schaf" der Familie fühlt. Um dieses belastende Stigma loszuwerden, sieht das Kind im Bruch mit der Familie oft den letzten Ausweg. Und wieder wird die Gesprächsverweigerung ausschlaggebend für den Vollzug des Familienabbruchs sein.

Schweigen kann von beiden Seiten – Eltern oder Kindern – ausgehen, zumeist sind es aber die Kinder, die sich zurückziehen. Oft haben Kinder nicht den Mut, sich einer ernsten Diskussion zu stellen, sich mit den Eltern z.B. dem übermächtig erscheinenden Vater auseinanderzusetzen, weil sie befürchten, im Gespräch von vorneherein den Kürzeren zu ziehen und sich nicht durchsetzen zu können. (siehe Franz Kafkas „100seitiger Brief"). „Der Rest ist Schweigen" und Schweigen führt zu einer total vergifteten Atmosphäre.

Kränkungen können auch von unabsichtlichen Vorkommnissen ausgehen, die dem Kränker gar nicht bewusst sind.

Ein Beispiel:
Die erst seit kurzem als Juniorpartnerin in die Firma aufgenommene Tochter Dietlinde, betrat oft unvermittelt das väterliche Arbeitszimmer, weil sie Fragen hatte. Sehr oft war der vielbeschäftigte Vater gerade in ein Telefonat verwickelt, das er nicht sofort beenden konnte. Die Tochter geduldete sich einige Zeit, um das Ende des Telefonates abzuwarten. Da es aber mitunter etwas länger dauerte, verließ sie unverrichteter Dinge den Raum, um sich wieder ihrer Arbeit zuzuwenden. Diese Situation kam mehrmals vor, sodass Dietlinde dies in ihren Augen als Nichtbeachtung und Geringschätzung empfand, obwohl der Vater es ja sehr begrüßte, wenn die engagierte Tochter um Rat fragte. Die Tochter sah darin aber eine Missachtung, das Klima verschlechterte sich und Dietlinde zog sich immer mehr zurück. Schließlich vermied sie

jeglichen Kontakt und pflegte sich sogar hinter der Türe zu verstecken, um dem Vater ja nicht begegnen zu müssen. Und was hätte geholfen? Miteinander reden, das Problem ansprechen und gemeinsam eine Lösung suchen. Das habe ich dem ratsuchenden Vater auch empfohlen.

Mit Kränkungen umzugehen, muss man lernen!

Klare, offene Gespräche werden oft nicht mehr gesucht und manchmal sogar gefürchtet und daher vermieden. Vertrauen kann nur durch Gespräche entstehen, und diese sind besonders dann notwendig, wenn sich unterschiedliche Meinungen herausgebildet haben. Persönliches zwischenmenschliches Engagement ist gefragter, denn je.

In seiner Neujahrsrede 2021 meinte der österreichische Bundespräsident Alexander Van der Bellen „dass ein >posting<, dass ein >like< niemals ein Gespräch oder ein echtes Lächeln ersetzen kann" und nahm dabei Bezug auf die nachlassende Kommunikationsbereitschaft in unserer Gesellschaft. Anstatt zu versuchen, Konflikte in gemeinsamen Gesprächen zu lösen, ziehen sich viele zurück und geben damit Raum für die zerstörerischen Mutmaßungen des eisigen Schweigens. Statt lösungsorientiert miteinander zu reden, nur ominöses Schweigen. Oder sollte es manchmal doch nur an der Gier und am Geld liegen, was ursächlich zum Kontaktabbruch motiviert und eine Aussprache daher gar nicht erwünscht ist?

35. POLYVAGAL-THEORIE
(Ein Exkurs in die Neurophysiologie)

Die keineswegs unumstrittene Polyvagal-Theorie von Stephen W. Porges[69], beschäftigt sich eingehend mit dem nicht unserem Willen unterworfenen autonomen Nervensystem, welches in besonderer

Weise vom Nervus vagus dominiert wird. Obwohl manche Wissenschaftler die Anschauungen von Porges nicht teilen – Kritik an dieser Theorie kommt z.B. von Paul Grossmann (Basel) und E. W. Taylor[70] – möchte ich kurz darüber berichten.

Permanent und unwillkürlich beherrscht uns ein Überwachungssystem, das ständig prüft, ob eine Situation gefährlich oder harmlos ist. Prinzipiell unterscheidet man dabei zwischen dem „Aktivator", dem Nervus Sympathikus, und seinem Gegenspieler, dem Nervus Parasympathikus (= Vagus), dem „Beruhiger". 1996 berichtete Porges, dass der Vagus zweigeteilt ist; es gibt die rückwärtigen (dorsalen) Anteile und den vorderen (ventralen) Ast. Die beiden Nervenstränge unterscheiden sich vor allem dadurch, dass der ventrale Anteil myelinisiert ist, d.h. dass er von einer isolierenden Markscheide umgeben ist und daher schneller leitet, als der dorsale Anteil. Der nach Meinung Porges´ neuere, vordere Anteil des Vagus regelt unser Kontaktverhalten und die Kommunikation, was, wie schon erwähnt, nicht unumstritten ist.

Die parasympathischen Nervenfasern des Vagus entspringen im Hirnstamm (Mittelhirn und Medulla oblongata) und im Rückenmark. Der Vagus ist der längste Hirnnerv und versorgt die meisten inneren Organe. So innerviert er mit seinen zahlreichen Verästelungen Auge, Tränendrüsen, Speicheldrüsen, Kehlkopf, Luftröhre, Herz, Bronchien, Speiseröhre, Magen, Blutgefäße, Leber, Gallenblase, Bauchspeicheldrüse, Dünn- und Dickdarm, Niere und Harnblase bis zu den Geschlechtsorganen. Seiner Multifunktion verdankt er auch seinen Namen „Vagus", der „vagabundierende", umherschweifende Nerv. Er ist für die unwillkürliche (also unserem bewussten Willen entzogene) Steuerung der meisten inneren Organe verantwortlich. Er ist Gegenspieler des Nervus Sympathikus, der als Alarmnerv bezeichnet werden kann und insbesondere bei Stress und Gefahr die Leistungssteigerung aktiviert.

Aufgrund der zahlreichen Organe, welche vom Vagus versorgt werden, kann er eine Vielfalt an Reaktionen auslösen, und es ist nicht uninteressant, wie der Volksmund darauf reagiert:

Mundtrockenheit: „mir blieb die Spucke weg"
Luftröhre und Bronchien: „mir stockt der Atem"
Speiseröhre: „der Bissen ist mir im Hals stecken geblieben"
Blutgefäße: „er wurde leichenblass"
Leber: „es ist einem etwas über die Leber gelaufen"
Gallenblase: „da kommt mir die Galle hoch"
Dünn- und Dickdarm: „ich habe mir fast in die Hose gemacht"
Niere: „das geht mir an die Nieren"
Harnblase: „ich hab mich fast angepinkelt" etc.

Nicht selten finden diese genannten unwillkürlichen Ereignisse bei großer emotionaler Bewegung auch tatsächlich statt.

Im ruhigen Normalzustand regiert der ventrale Vagus-Anteil. Er geht mit dem 5. Hirnnerv (Trigeminus), dem 7. Hirnnerv (Facialis), dem 9. Hirnnerv (Glossopharyngeus) und weiteren Nerven Verbindungen ein, und ist für Mimik, Berührung, Stimme, Herzfrequenz, Hören, Riechen, Schmecken und teilweise auch Sehen verantwortlich. Er scannt ständig die Umwelt. Wird die Situation brenzlig oder droht Gefahr, übernimmt der Sympathikus die Regie und aktiviert zu Kampf oder Flucht. Zu diesem Zeitpunkt ist die zwischenmenschliche Kommunikation sehr eingeschränkt. Ein Dialog erscheint unwichtig, es geht um vitale Dinge.
Erscheinen weder Kampf noch Flucht sinnvoll, tritt nach Porges der dorsale (entwicklungsgeschichtlich ältere) Teil des Vagus in Aktion und führt bei großen psychischen Überlastungen zum Lockdown, indem er alles stilllegt („Totstellreflex", in Ohnmacht fallen,

Darmentleerung und selten bis zum Herzstillstand). Ist die Gefahr vorbei, gibt wieder der ventrale Anteil des Vagus den Ton an, indem er beruhigt, Herz- und Atemfrequenz herunterfährt und wieder soziale Kommunikation ermöglicht. Dies wird auch therapeutisch genutzt.

Durch vertiefte Atmung ist es uns möglich, in den entspannten Normalzustand zurückzukehren und zum Mitmenschen wieder freundlich zu sein. Gleichzeitig normalisiert sich der Puls, das Herz schlägt ökonomischer und spart Energie. Der Vagus kann gewissermaßen ein Krisenmanagement betreiben, da er wesentlichen Anteil an der Interaktion mit anderen Menschen hat. Er kann eine neutrale Mitteilung, die uns zu Ohren kommt, durchaus ins Positive oder Negative modifizieren, je nachdem, was diesbezüglich bereits aus früheren Begebnissen gespeichert ist.

Porges postuliert in seiner Polyvagal-Theorie noch ein drittes System, das er als Social Engagement System (SES) bezeichnet. Dieses dritte, entwicklungsgeschichtlich jüngste System, wird durch vorausgegangene Erfahrungen konditioniert und steuert auch unsere Stressbewältigungsstrategie. In diesem Zusammenhang warnt Porges vor zu intensivem Konsum virtueller Beziehungen und Aktivitäten z.B. im Internet, was dazu führen kann, dass das SES verkümmert. In realen Begegnungen – wo nicht alles sofort per Mausklick reguliert werden kann – werden die Reaktionen auf akut auftretende Probleme durch Ängstlichkeit und Ärger gesteuert. Dabei greifen Menschen auf Vorurteile, die aus Vergangenem resultieren zurück, anstatt durch situationsangepasste Überlegung auf gegenwärtige Probleme zu reagieren.

Das klingt nun alles sehr theoretisch und soll an einem Beispiel erläutert werden:

Herrmann trifft einen Bekannten namens Karl mit dem er schlechte Erfahrungen gemacht hat. Karl hat für dieses erneute Zusammentreffen aber nur Positives im Sinn. Er wird aber bei dieser Zusammenkunft mit seinen gut gemeinten Vorschlägen keinen Erfolg haben, denn Herrmann erwartet misstrauisch nichts Gutes und hat seinen Bekannten bereits vorverurteilt, bevor dieser den Mund aufgemacht hat.

Gespräche können zu einem Streit führen, weil sie auf Missverständnissen beruhen. Der Angesprochene hat die Äußerung als kränkend oder bedrohlich empfunden, weil er erregt war und die neutrale Mitteilung fehlinterpretierend als feindlich empfunden hat. Sein Gemütszustand ist gerade vom Sympathikus beherrscht und das adäquate Verstehen ist blockiert. Der Vagus vermag nicht ausreichend zu beruhigen. So kann es aus einem nichtigen Anlass heraus zu Gewaltausbrüchen kommen. Die „vagale Bremse" hat versagt. Ein beiläufiger Satz kann in diesem Gemütszustand unter Beteiligung assoziativer Teile des Großhirns (Cortex) als bösartiger Angriff interpretiert werden; ein Ereignis, das bei Narzissten nicht selten zu finden ist. Findet eine verbale Auseinandersetzung schreiend statt, dominiert der Sympathikus (oder Kampfnerv); der will nichts Versöhnendes, nichts Gemeinsames, sondern ausschließlich Dominanz. Er will keine Beruhigung, sondern Zerstörung des Gegenüber.

Unsere Grundstimmung hängt wesentlich davon ab, wie wir gerade mit der Umwelt bzw. den Menschen interagieren. Ist unser Gemütszustand im grünen Bereich, so hilft uns das autonome Nervensystem, uns zu erholen und innerlich zu stabilisieren; wir gewinnen an Selbstsicherheit. Befinden wir uns in diesem Zustand der beruhigenden Stabilität, wird uns die Begegnung mit einer unsympathischen Person nicht sehr aufregen. Sind wir aber im Ungleichgewicht, müssen wir dieser Person gar nicht beggnen, es kann uns schon der Anblick des Autos des Betreffenden in Ärger versetzen.

Für die Eltern-Kind-Bindung ist wesentlich, dass der vom Vagus permanent kontrollierend wahrgenommene positive Gesicht-Herz-Kontakt Harmonie signalisiert; fehlt diese positive Grundstimmung, wirkt das verstörend. Es kann sich eine Abwehrhaltung entwickeln, und wird dieser Zustand chronisch, kann das in Rückzug bis hin zur Sprachlosigkeit münden. In weiterer Folge können sogar Angstgefühle bei Kindern vor dem Zusammentreffen mit Eltern entstehen. Ich erfuhr von einen Fall, wo bei einer gestörten Vater-Sohn-Beziehung der erwachsene Sohn sich regelmäßig hinter der Tür zu verstecken pflegte, um ja nicht mit dem Vater zusammenzutreffen. Von einem anderen Fall wurde mir berichtet, dass die Tochter die Straßenseite wechselte, sobald sie der Mutter ansichtig wurde.

36. VERHÄLTNIS ZWISCHEN SCHWIEGERELTERN UND SCHWIEGERKINDERN

Das Verhältnis zwischen Schwiegermutter und Schwiegertochter ist oft von vorneherein getrübt, weil die Mutter das Gefühl hat, sie würde den Sohn an die Schwiegertochter „verlieren". Aber es ist naturgemäß, dass der Sohn die eigene Familie verlässt, um wiederum eine eigene Familie zu gründen. Das Empty-Nest-Syndrom trifft Mütter viel härter, als Väter.

Das Verhältnis zwischen Schwiegertochter und Schwiegervater ist deutlich weniger belastet. Aber auch da kommt es auf die jeweiligen Einzelheiten an, wie mir z.B. berichtet wurde:

Die schon mit einem gewissen Vorleben behaftete Schwiegertochter Claudia sagte in weinseliger Laune in resignierend abwertendem Ton zum Schwiegervater über dessen Sohn: **„Mir ist ja schon egal, wie**

einer (gemeint ist der Sohn) **aussieht, mir ist ja schon ein jeder recht**"! Damit sank die Wertigkeit der Partnerin des Sohnes in den Augen des Vaters doch recht massiv und es erhärtete sich der Verdacht, dass die Verbindung weniger auf Liebe sondern eher auf Berechnung basierte, um finanziell und gesellschaftlich besser dazustehen. Dabei war der Sohn fesch und sportlich und die Kritik an seinem Aussehen unangebracht.

Verstärkt wurde der Verdacht, dass es Claudia sehr um das Finanzielle ging, durch eine weitere Bemerkung die mir jener Vater berichtete; sie soll zu ihm gesagt haben: **„Dein Sohn hat ja gar nicht das Geld, das Geld hast ja du"** und ergänzend: **„Für dich tät` ich ja alles!"** Das klang für den Vater etwas befremdlich. Einen weiteren Hinweis über ihre finanzielle Affinität lieferte Claudia anlässlich einer anderen Begebenheit.

Als eine Katze des jungen Paares verstorben war, wollte mein Freund – der selber Katzen gern mochte – Claudia trösten und führte diesbezüglich ein Telefonat mit ihr. Claudia schluchzte ins Telefon und mein Freund bemühte sich, sie zu trösten. Völlig unvermittelt unterbrach Claudia das Katzengespräch und fragte: *„Kannst du uns garantieren, dass wir immer in deinem Haus wohnen dürfen?"*. Der Vater hatte dem jungen Paar nämlich eine schöne Villa kostenlos zur Verfügung gestellt, in welchem der Sohn und Claudia schon seit Jahren wohnten. Der Vater war über diese unvermittelte, nicht zum Gesprächsthema passende Frage überrascht, konnte daraus aber entnehmen, was Claudia wirklich beschäftigte.

Sehr häufig machen Eltern den Fehler, sich zu sehr in die Angelegenheiten der erwachsenen Kinder einzumischen. Sie haben noch nicht realisiert, dass die Kinder erwachsen sind und ihre Entscheidungen ganz allein treffen wollen. Natürlich fällt es Eltern schwer, nicht beratende und warnende Kommentare abzugeben, vor allem wenn sie merken, dass etwas nicht optimal läuft. Es tut weh, wenn man sieht, dass die erwachsenen Kinder Fehlentscheidungen treffen, aber man sollte, mit Ratschlägen sehr zurückhaltend sein. Wie schon festgestellt: Erfahrung ist verbal nur schlecht vermittelbar. Die Kinder müssen ihre Erfahrungen selbst machen, auch wenn diese oft schmerzlich sind.

Zu viele Ratschläge zu geben, kann sich auch in anderer Hinsicht negativ auswirken. Die immer „besserwissenden Eltern" wirken nachhaltig unsympathisch. Die Heranwachsenden wollen sich emanzipieren, koste es was es wolle. Und oft sind die Ratschläge der Älteren (Eltern) ja wirklich veraltet. So hat sich auch das Rollenbild von Mann und Frau gewaltig verändert. Der Mann ist nicht mehr wie früher der „Haushaltungsvorstand", die Frau ist nicht mehr auf die Zustimmung des Mannes angewiesen, wenn sie arbeiten gehen will, sie ist nicht mehr allein für die Hausarbeit zuständig. In der neuen, modernen Familie ist Partnerschaft und Arbeitsteilung angesagt. Eltern sollten sich in die Partnerschaft ihrer Kinder am besten überhaupt nicht einmischen.

37. AUSEINANDERSETZUNGEN UND STREITKULTUR

Kinder, die noch nicht gelernt haben, dass meistens nicht ein Teil vollkommen im Recht und der andere vollkommen im Unrecht ist, urteilen oft nur in Schwarz-Weiß; die Toleranz für Zwischentöne fehlt oft und sie verteidigen kompromisslos ihren Standpunkt. Ein Eingehen auf die Sichtweise des jeweils anderen empfinden sie als ein Zurückweichen und manchmal geradezu als Kapitulation.

Bei Kontroversen sind Wertungen fehl am Platz, da sich dann Emotionen schnell erhitzen können. Emotionen und ruhiger Austausch von Argumenten passen nicht zusammen; aus Sachproblemen können Beziehungsprobleme werden. Wesentlich ist, eine emotionelle Eskalation in der Diskussion zu vermeiden. Es ist wenig hilfreich, wenn Eltern ihre Autorität hervorkehren, so sie noch vorhanden ist. Man wird nicht geschätzt, weil man im Recht ist, sondern wenn man Verständnis zeigt.

> **„Das Wichtigste beim Gespräch ist das zuhörende Schweigen"**
> Jörg Eikmann[2] (Seite 96)

Jeder Mensch hat primär das Recht auf eine eigene Meinung; die kann richtig oder falsch sein. Der Intelligente wird, wenn er erkennt, dass seine Meinung unrichtig ist, diese ohne Groll ändern.
Die richtige Ansicht muss durch beweisende Argumente belegt werden, nicht durch Dominanz oder Autorität.

Ich möchte an dieser Stelle J. Eikmann zitieren, der meint, dass jeder Mensch die Welt durch seine eigene Brille sieht. Die andere kennen wir aber gar nicht! Das ist so, als hätten Sie Sehprobleme und suchen einen Augenarzt auf. Der nimmt seine eigene Brille ab, setzt sie Ihnen auf und meint: „Die ist ganz fantastisch, man sieht besonders scharf damit."[34] (Seite 97).

Solange man noch miteinander reden kann, ist eine Konfliktlösung noch immer wahrscheinlich. Bei Auseinandersetzungen ist es jedoch fatal, wenn Sachverhalte nicht sachlich-neutral, sondern persönlich herabwürdigend oder sarkastisch formuliert werden. Wenn z. B. die Tochter süffisant zur Mutter sagt **„Hast alles verbockt!"**, ohne den konkreten Kritikpunkt anzusprechen. Über konkrete Vorwürfe könnte man reden und Lösungen suchen, aber wenn man den Partner (seien es Eltern, Ehepartner, Mitarbeiter etc.) allgemein angreift, nur um zu entwerten, kann nicht lösungsorientiert vorgegangen werden.

Beispielsweise: „Du bist blöd". Darüber kann man nicht sprechen, aber über: „Diese (konkrete) Handlung war blöd", darüber kann man diskutieren, analysieren und nach Verbesserungen suchen. Werden solche unqualifizierbare Attacken immer wieder und über lange Zeit getätigt, wird der Mitarbeiter wahrscheinlich gehen, die Ehe wird geschieden, der Familienkontakt wird abgebrochen.

> *Worte können zerstören und sogar einen Suicid auslösen.*

Verachtung zu zeigen ist eine besonders destruktive Form der Streit(un)kultur, jedoch der Rückzug in eisiges Schweigen kann noch bösartiger sein! Dadurch wird jegliche Möglichkeit genommen, unterschiedliche Ansichten zu klären. Manchmal wird das Gespräch aus Angst davor verweigert, argumentativ zu unterliegen. Wenn Verachtung und Hass nur Gefühle sind, die durch nichts belegt werden können, sich aber im Hassenden schon so gefestigt haben, dass der Hass monolithisch unbeeinflussbar da steht und durch logische, neutrale Argumentation nicht mehr korrigiert werden kann, dann steht der Familienabbruch unmittelbar bevor.

Solange eine Diskussion noch möglich ist, wäre es verfehlt, jemanden persönlich anzugreifen, ohne sachliche Argumente anzuführen. Damit wird das Klima für ein konstruktives Gespräch vergiftet, es müssen – wie schon erwähnt – konkrete Probleme angesprochen werden. Der geschickte Kritiker beginnt jede Kritik mit einem Lob; und irgendeinen Grund zu loben, findet man immer. Damit gewinnt man die Aufmerksamkeit des Gesprächspartners und er blockt nicht sofort ab, wie dies bei einem negativen Gesprächsbeginn zu befürchten ist, wenn der Partner sich von vorneherein in die Defensive gedrängt fühlt. Nach einer vorsichtigen Einleitung kann man dann konkret auf die negativen Kritikpunkte überleiten, ohne verletzende, persönliche

Verurteilungen vorzubringen. Gelingt es, auf eine mögliche Lösung hinzuweisen, wird die Aussprache normalerweise eine gute Wendung nehmen.

Eine der wichtigsten Kommunikationsformen im Teamwork sind Aussprachen. Auch eine Partnerschaft, eine Ehe, eine Familie, eine Firma, ein Bürobetrieb, eine Gemeinschaftspraxis etc. kommen ohne Besprechungen nicht aus. Sie stärken den Teamgeist, fördern die Zusammenarbeit, erhöhen das Verständnis für die gemeinsamen Belange und eröffnen neue Perspektiven, weil man auch die Standpunkte und Ideen der Mitarbeiter besser kennenlernt. Missverständnisse und Animositäten können ausgeräumt werden, es entsteht mehr Harmonie und ein besseres Zusammengehörigkeitsgefühl in der Gruppe. Eine Gruppe kann aus zwei Leuten oder mehreren hundert Menschen bestehen.

Die Qualität der Zusammenarbeit hängt nicht nur vom IQ der Teilnehmer ab, sondern in besonderem Maße auch von der emotionalen Intelligenz und der Empathie. Der Begriff „Gruppenintelligenz" wurde von Wendy Williams und Robert Sternberg[71] näher erklärt. In Firmenbesprechungen kann jeder seine Meinung einbringen, Kritik üben (ohne zu verletzen) und es kann eine gemeinsame Vorgangsweise erörtert werden. Besprechungen sollten den inneren Zusammenhalt festigen und ein Klima des harmonischen Zusammenarbeitens schaffen.

Gute Chefs werden diese Möglichkeit des gemeinsamen Gedankenaustausches in entspannter Atmosphäre anbieten. Teamwork braucht emotionale Intelligenz. Sollte jemand bei einer solchen Besprechung nicht teilnehmen wollen oder – noch bezeichnender – während der Besprechung den Raum verlassen, spricht das eine klare Sprache: entweder der Flüchtende ist nicht teamfähig oder er identifiziert sich nicht mit der Gruppe; eine andere Erklärung wäre noch der etwas veraltete Begriff „Neurasthenie", wobei der Flüchtende einen gruppendynamischen Druck einfach nicht aushält.

Der Begriff **Neurasthenie** wurde erstmalig 1869 von George Miller Beard[72] verwendet und war vom 19. Jahrhundert bis Mitte des 20. Jahrhunderts eine „Modediagnose", die heutzutage eher selten verwendet wird, obwohl sie im ICD-10 Code noch zu finden ist (F 48.0). Ein moderner, viel geläufigerer (aber nicht ganz identischer) Begriff ist „Burnout".

Sigmund Freud führte die Neurasthenie auf eine Erschöpfung des Nervensystems zurück. Manchmal wird bei Neurasthenie auch eine Schutzmaßnahme von Personen mit wenig Selbstbewusstsein vermutet, die in die Inaktivität flüchten, um nicht auf Konflikte reagieren zu müssen, von denen sie glauben, sie nicht bewältigen zu können.

So zum Beispiel wurde mir ein Fall berichtet, wo der Chef zu einer Besprechung nach Dienstschluss in seiner Firma einlud, da gewisse Animositäten aufgetreten waren. Er sah der Besprechung in freudiger Erwartung einer entspannt-sachlichen Diskussion abseits der Alltagshektik entgegen. Aber leider verließ seine kontaktgestörte Mitarbeiterin kurz nach Beginn der Besprechung geradezu fluchtartig den Raum, womit die Absicht, das Firmenklima zu verbessern, torpediert wurde. (Siehe Fugue). Später verließ die Mitarbeiterin die Firma, was eigentlich schon vorauszusehen war, und das Klima in der Firma besserte sich schlagartig. Trennungen sind manchmal die notwendige und beste Lösung!

Und auch Abbrüche in Familien sind in gewissen Fällen, bei denen problematische Persönlichkeitsstörungen der Abbrecher vorliegen, auch, wenn es weh tut, für alle Beteiligte das Beste!

38. AUSLÖSER DES ABBRUCHES

Nach eingehendem Literaturstudium und unter Berücksichtigung der zahlreichen an mich herangetragenen Abbruchsereignisse finden sich viele unterschiedlichste Motivationen für die Trennung erwachsener Kinder von den Eltern. Einige der häufigsten seien hier ohne Reihung der Wertigkeit angeführt:

- Das Gefühl der Herangewachsenen, noch immer als Kind und nicht als Erwachsener betrachtet zu werden.
- Ein Zuviel an „Bemutterung". (overprotective mother, overprotective father)
- Noch immer einer zunehmend als erdrückend empfundenen Kontrolle zu unterliegen.
- Ein Gefühl der Unfreiheit und Behinderung der eigenen Persönlichkeitsentfaltung.
- Ein Abhängigkeitsgefühl, aus dem man sich lösen will.
- Ein immer stärker werdendes Konkurrenzgefühl zwischen Tochter und Mutter oder Sohn und Vater.
- Der Drang nach Unabhängigkeit.
- Der Wunsch, kritischen Beurteilungen und Ratschlägen zu entgehen.
- Der Drang, neue Lebensperspektiven zu verwirklichen.
- Dem Gefühl, Dankbarkeit erweisen zu müssen, zu entgehen.
- Schwere weltanschauliche Differenzen.
- Schwere persönliche Differenzen, die nicht mehr ertragen werden können.
- Neid auf von Eltern Erreichtes, das man ebenfalls erreichen möchte, aber womöglich nicht schafft.
- Generelle Insuffizienzgefühle.
- Das Gefühl, Eltern hätten für die Kinder nicht genug getan.
- Das Gefühl, Eltern hätten ihre Kinder zu wenig geliebt.

- Das Gefühl, Eltern würden die erwachsenen Kinder noch immer nicht als gleichwertig betrachten.
- Das Gefühl, Eltern hätten sie nicht genug finanziell gesponsert.
- Und manchmal aus allem resultierend: tiefer Hass.

39. VORSTADIEN DES ABBRUCHES

Die Entfremdung kommt schleichend. Viele kleine, aus der Sicht des Kindes, negative Erlebnisse, können sich summieren und zu einem zunehmend getrübten Verhältnis zwischen Eltern und Kindern führen. Wiederholte Kritik an den Kindern kann deren Selbstwertgefühl zunächst nur geringfügig und letztlich nachhaltig verletzen, sei die Kritik auch noch so berechtigt und oft nur aus dem Pflichtgefühl der Eltern heraus motiviert. Die Kinder sollten nie das Gefühl haben, dass Anerkennung und Liebe ihnen nur durch deren Leistung, Angepasstheit, eben das „Funktionieren", entgegengebracht wird.

Aber in der heutigen Leistungsgesellschaft, in der eine immer höhere Leistungsdichte gefordert wird, ist das richtige Dosieren von Kritik nicht einfach und oft eine Gratwanderung. Je höher der Ausbildungsgrad der Kinder ist, desto bessere berufliche Chancen bieten sich ihnen später. Was sollen Eltern tun, wenn z.B. trotz intensivem Nachhilfeunterricht das Kind das Lernziel nicht erreicht und durchfällt, weil das Hauptinteresse anderen Belangen, z.B. in der Pubertät dem anderen Geschlecht gilt.

Daraus können massive Friktionen entstehen. Aufgrund der stark divergierenden Interessenslagen kommt es zu mehr oder weniger tiefgreifenden unterschiedlichen Meinungen. Da ist es nicht verwunderlich, wenn sich das Kind allmählich zurückzieht, Gesprächen ausweicht und in die „innere Emigration" geht.

Die taktische Grundüberlegung des Abbrechers lautet: Überwiegen für mich die Vorteile des Abbruchs die daraus entstehenden Nachteile? Dem geht ein langer Prozess des Abwägens voraus; der Abbrecher macht es sich nicht leicht und handelt in den seltensten Fällen unbedacht. Diese Überlegungen, ob die Trennung von den Eltern vorteilhaft ist oder nicht, können Jahre dauern. Hat der Gedanke an Trennung einmal Fuß gefasst, wird jede weitere Begebenheit auf ein Dafür oder Dawider des Abbruches analysiert.

Hierbei verliert der Abbrecher zunehmend an Objektivität, wenn bereits die negative Einstellung dominiert. Negative Erlebnisse und Empfindungen werden schwerer gewichtet, als erfreuliche Situationen. Die Grundstimmung übt eine Filterfunktion aus. Ein positiv gestimmter Mensch wird neutrale Nachrichten eher positiv bewerten, ein Depressiver wird einer launigen Äußerung nichts abgewinnen können. Beim negativ gestimmten Menschen verstärken schon geringe Unannehmlichkeiten seine negative Grundeinstellung. Bei chronischer Ärgerbereitschaft erzeugen schon geringgradige Unstimmigkeiten Wut.

Zudem wirkt die Erinnerung selektiv. Eltern berichteten mir, dass sie sich gerne an die schönen gemeinsamen Erlebnisse mit den Kindern erinnern: gemeinsame Unternehmungen, schöne Reisen, Urlaubsaktivitäten usw.. Abbrecher verdrängen die Erinnerungen an erfreuliche Episoden und fokussieren sich eher auf negative Begebnisse und schöpfen daraus Motivationen für den Abbruch. Sie suchen nach Argumenten für die unschöne Aktion des Abbruchs, denn sie sind sich der Negativität ihres Vorhabens sehr wohl bewusst. (frei nach Goethe: *„der Mensch in seinem dunklen Drang ist sich des rechten Weges wohl bewusst"*, Faust I, Prolog im Himmel).

Der Abbrecher braucht Argumente für sein toxisches Vorgehen und sucht vor sich selbst die manchmal recht unedlen Motive für seine

Aktion zu verschleiern (z.B. Geldgier, drohendes Pflegeerfordernis im Krankheitsfall der Eltern etc.)

Der präsumtive Abbrecher braucht einen Rückzugsraum, um seine Gedanken und Gefühle zu ordnen und zieht sich ins Schweigen zurück. Dort ist er aber von den Eltern nicht erreichbar; so kann durch Schweigen nichts geklärt werden. Der Rückzug ist ein deutliches Zeichen von tiefer Unsicherheit und innerer Schwäche. Der Abbrecher ist nicht mehr in der Lage, seine seelische Not zu verbalisieren und sich mit den Eltern offen auszusprechen. Dem Rückzug geht zumeist eine schwere Kommunikationsstörung voraus und verhindert jedwede Klärung. Der Abbrecher ist nicht konfliktfähig im Sinne einer emotionslosen, eben nicht konfliktgeladenen Aussprache, er schweigt und so wird nichts gelöst. Vielleicht schweigt er auch aus Angst, in einer verbalen Auseinandersetzung den Kürzeren zu ziehen, vielleicht sind die objektiven Argumente für einen Abbruch doch nicht so stichhaltig und er schweigt letztlich aus Schwäche.

Die Gesprächsverweigerung, eine der stärksten Waffen des Kindes, wird sehr bewusst eingesetzt. Dieses Schweigen der Abbrecher, diese „Funkstille" beschreibt Tina Soliman[73] in ihrem Buch sehr ausführlich. Sie zitiert auch Trin Haland-Wirth, die sagt „Funkstille ist aggressiv und gleichzeitig ärmlich"[74]. Der sich in Not befindliche Abbrecher hält das Schweigen für das einzig richtige Mittel, seine unglückliche Situation zu signalisieren; Schweigen ist auch viel einfacher, als Gründe und Argumente zu artikulieren, warum eine Situation so verfahren ist.

Der Psychiater Martin Teising[75] meint sinngemäß, dass, wenn das Selbstbild des Abbrechers zerstört ist und er nicht will, dass das, was er an sich selbst nicht erträgt, für andere erkennbar wird, es aus Scham durchaus zunächst zur Funkstille und nachfolgend zum Abbruch kommen kann. Und Soliman meint, Funkstille kann dem Schweiger wenigstens den Anschein geben, der Starke zu sein. T. Soliman, Funkstille[73] (S. 103).

Der Kontaktabbruch ist auch von der Persönlichkeitsstruktur des Abbrechers abhängig. Wenn einer alles in sich „hineinfrisst", genügt oft ein banaler Anlass als letzter Tropfen, der das Fass zum Überlaufen bringt. Viel besser wäre es gewesen, die Probleme rechtzeitig offen anzusprechen. Dies ist jedoch mühsamer und bedarf einer gewissen Stärke der Persönlichkeit. Dem überempfindlichen Narzissten wird dies weniger gelingen, da er bereits geringfügige Kritik als Angriff empfindet. Selbst kleine, anscheinend unbedeutende Vorkommnisse können – je nach der Persönlichkeitsstruktur des Kindes – durch Jahre hindurch wie ein schleichendes Gift wirken und das wertschätzende Klima innerhalb der Familie untergraben.

Der Kontaktabbruch bedeutet für den Narzissten eine Aufwertung. Weil er Abhängigkeit nicht ertragen kann, provoziert er den Abbruch, sobald er sich dazu stark genug fühlt; diese Stärke verdankt er im Regelfall den Eltern, die ihn zumeist mit großem Einsatz stark gemacht haben. Der Abbrecher setzt sich über alles hinweg, nur um aus der Abhängigkeit zu entkommen und merkt nicht, dass er sich manchmal in eine neue, viel größere Abhängigkeit begibt. Dies erkennt er erst später in der Rückschau, wird es aber sich selbst und anderen gegenüber nie zugeben.

40. VOLLZUG DES ABBRUCHES

Voranzustellen ist, dass jeder Abbruch einzigartig ist; trotz mancher Parallelen gibt es kein allgemeines Schema. Die wesentlichen Gründe für den Abbruch erschließen sich zumeist erst im Nachhinein. Entscheidend ist die Motivation des Abbrechers und wie er diesen tiefgreifenden Schritt ausgeführt hat. Der Familienabbruch wird nur durchgeführt werden, wenn sich die Abbrecher ihres Vorteils sicher sind.

Der Familienabbruch kann erst vollzogen werden, wenn die Kinder dazu in der Lage und finanziell von den Eltern unabhängig sind, wobei die Unabhängigkeit oft erst durch die vorher stattgefundenen Aktivitäten der Eltern erreicht wurde.

Über die Motive und Ursachen des Abbruches wurde im Vorangegangenen vieles dargelegt, aber nicht nur das Warum des Abbruches ist von Bedeutung, sondern auch das Wie. Die Vorgangsweise beim Abbruch ist entscheidend, ob ein späteres Näherkommen wieder möglich sein wird, oder ob eine Versöhnung unwahrscheinlich ist.

Wurde die Trennung durch eine Art seelischer Not des Abbrechers motiviert, weil eine oder zumeist mehrere der vorhin angeführten Ursachen für einen Familienabbruch vorlagen, kann nach einiger Zeit eine Wiederannäherung möglich sein. Wenn beide Teile Abstand gewonnen haben, die Emotionen nur mehr eine untergeordnete Rolle spielen, für beide Seiten die Vorteile aber auch Nachteile der Trennung nüchtern beurteilt werden können, kann die Einsicht Oberhand gewinnen, dass im Familienverband doch nicht alles so schlecht war. Viele Umstände, die zum Abbruch geführt haben, ändern sich im Laufe der Zeit. War zum Beispiel der Grund für den Abbruch eine „overprotective mother", aus deren ständiger Bevormundung und Umklammerung sich eine Tochter lösen wollte, wurde die Ursache des Abbruches durch die Trennung ja beseitigt. Nach einer emotionellen Abkühlungsphase kann eine vorsichtige Wiederannäherung gute Chancen haben. Oder ein Sohn, der sich aus der gefühlten Kontrolle und Bevormundung des Vaters lösen wollte, könnte später zur

Einsicht kommen, dass es doch nicht so schlimm war. Auch hier stehen die Chancen für eine Kontaktaufnahme gut. Entscheidend für ein Zusammenfinden ist daher, wie der Abbruch vollzogen wurde.

Der Abbruch muss ja nicht immer feindselig motiviert gewesen sein, er kann auf irgendeine Art sogar freundlich gemeint sein. Dies klingt paradox, aber wenn sich der abbrechende Erwachsene beispielsweise derart umklammert fühlt, dass eine Emanzipation ohne Trennung nicht gelingen kann, ist diese oft das beste Mittel, um sich zu lösen. Bei diesen Fällen ist eine Wiederaufnahme des Kontaktes durchaus möglich. Im Kapitel „Von Generation zu Generation zu Generation" meint Claudia Haarmann in ihrem Buch „Kontaktabbruch in Familien" (Seite 44), dass manche Abbrecher ihren Eltern nicht wehtun wollen. Dies trifft aber wohl nur auf eine Minderheit der Abbrecher zu.

Der Abbruch kann aber auch durch abgrundtiefen Hass und massive Rachegedanken motiviert sein, wie das folgende Protokoll des von Reinhold wohlüberlegten Abbruches belegt. Nach diesem Bericht eines Freundes wird eine Wiederannäherung wohl kaum möglich sein.

41. PROTOKOLL EINES ABBRUCHES

Dieser Bericht zeigt auf, wie besonders ein Abbruch sein kann; ich finde ihn ob seiner Einmaligkeit berichtenswert, wobei ich mich – etwas gekürzt – über weite Passagen an das mir vorgelegte Protokoll halte: „Um etwa 11:00 Uhr wurde ich (der Vater) von meiner Chefsekretärin, Frau N., am Freitag, dem X. X. 2019, aus der Firma angerufen, welche verstört mit sehr aufgeregter Stimme nur sagte: *„Sofort kommen! Sofort kommen!"* und sogleich wieder auflegte. Ich ahnte, dass sich etwas Arges abspielen musste und eilte sofort in die Firma.

Dort angekommen, sah es aus, wie auf einem Kriegsschauplatz. Ich sah, dass mehrere Männer mit dem Ausräumen der Gerätschaften, Akten, Telefonanlage, Apparate und Möbel – kurz der gesamten Einrichtung – beschäftigt waren. Dabei waren zwei, im späteren Verlauf sogar drei mit Handfeuerwaffen bewaffnete Security-Männer anwesend, um den Abtransport abzusichern.

Bei diesem unangekündigten „Raubüberfall" wurden auch Dinge entwendet, die vertragsgemäß nicht an meinen Sohn Reinhold übergeben worden waren, also eindeutig jenen Teilen der Firma zugeordnet waren, die nach wie vor mir (also zu den Firmenanteilen des Seniors) gehörig waren. Ferner waren noch eine Person der Rechtsanwaltskanzlei des Sohnes sowie drei Firmenangestellte, D. T. und B. E. und F. N. anwesend. Neben dem Sohn waren auch zeitweise dessen Lebensgefährtin D. und Kunden (z.T. namentlich erfasst) anwesend.

Es war klar ersichtlich, dass auf Initiative des Sohnes **ohne jedwede Vorankündigung** Teile der Einrichtung und Gerätschaften der Firma demontiert und entwendet wurden. Ich war wie vor den Kopf gestoßen und rief sofort meinen Rechtsanwalt an, und bat ihn, so rasch wie möglich am Tatort zu erscheinen; er war auch rasch zur Stelle.

Wenn ich durch die Räume des von mir errichteten Betriebsgebäudes ging, folgten mir bewaffnete Security-Männer auf Schritt und Tritt. Eine Situation, wie aus einem schlechten Kriminalfilm. Die ganze Aktion war ja auch kriminell."

In weiterer Folge verlasse ich die persönliche Berichterstattung des Vaters und wähle die Schilderung der Ereignisse in der dritten Person:

Zur Information ist festzuhalten, dass in einem Vertrag zwischen dem Sohn und dem Vater schon vor Jahren vereinbart worden war, dem Sohn Teile der Firma genau gemäß den Richtlinien der Berufsvertretung zu übergeben. Dieser Vertrag, in dem die Teil-Übergabe geregelt war, bezog sich nur auf einen ganz konkreten Teilbereich der Firma. Die Teilübergabe hatte der Vater vorausschauend vor allem deswegen früher vorgenommen, als er eigentlich vorgehabt hatte, damit der Sohn zur einer für ihn günstigen Zeit die Firma übernehmen konnte, wo die Konkurrenz erst in den Startlöchern war, und – falls dem Senior etwas zustoßen würde – der Sohn noch ungefährdeter Platzhirsch wäre. In dieser Branche gibt es nämlich einen strengen Gebietsschutz. Bei einem vorzeitigen Ableben des Seniorchefs hätte der Sohn jedweden Anspruch auf die Nachfolge und Übernahme der Firma verloren.

In dem Firmengebäude befand sich noch eine zweite Firma des Vaters, welche er dem Sohn nicht übergeben hatte. Dennoch wollte der Sohn in illegaler Weise auch die der zweiten Firma zugehörigen Teile entfernen und diese Firmenanteile seiner Lebensgefährtin zukommen lassen, die von der Materie allerdings überhaupt nichts verstand; sie meinte, sie werde sich schon einarbeiten, sie könne eigentlich ja alles. Bei dieser unangekündigten, überfallsartigen Teilräumung der Firma wurden auch Dinge rechtswidrig entfernt, die nicht zum übergebenen Firmenteil gehörten aber absichtlich zu entwenden versucht wurden, damit eine Weiterführung der verbliebenen Firma unmöglich gemacht werden sollte.

So wurden z.B. die Telefonapparate unter Mitnahme der Telefonnummer (sowie auch die Kundenlisten) entwendet, sodass die langjährigen Kunden die Firma des Vaters von heute auf morgen telefonisch nicht mehr erreichen konnten. Wenn sie die alte Telefonnummer wählten, gelangten sie automatisch zum Sohn, der unweit der Firma seines Vaters heimlich eine eigene Konkurrenzfirma errichtet hatte.

Weiters wurde versucht, alle sonstigen sensiblen Daten zu entwenden, obwohl diese von dem übergebenen Teil der Firma streng getrennt waren und auch nicht übergeben worden waren.

Erschwerend kam noch hinzu, dass gerade diese Firmendaten, die ausdrücklich nicht übergeben worden waren, in den Monaten vor der gewaltsamen Ausräumung vom Sohn Reinhold illegal heimlich kopiert worden waren, denn Reinhold war sich offenbar nicht sicher, ob er mit der beabsichtigten Entwendung der nicht übergebenen Daten durchkommen würde. Der Gipfel der Abgefeimtheit bestand darin, dass der Sohn trotz der illegalen Kopien die Originaldaten entwenden wollte, was der Senior aber verhinderte.

Reinhold hat versucht, den Vater jedweder Unterlagen zu berauben, welche zur Fortführung seiner Firma erforderlich waren; er wollte ihn existenziell vernichten! Er hatte ja vorgesehen, dass seine Lebensgefährtin diese nichtübergebenen Firmenanteile des Seniors übernehmen sollte. Die Intentionen des Sohnes war, dem Vater maximal zu schaden und bestätigte dies zum Schluss auch, indem er dem Vater in Anwesenheit dessen Rechtsanwaltes und der Chefsekretärin zutiefst hasserfüllt ins Gesicht schrie: **„Ich werde dir schaden, wo ich nur kann"**! Der Vater erwiderte: „Und ich habe dir geholfen, wo ich nur konnte"! Damit hatte sich der Sohn endgültig demaskiert: Sein Inneres war von krankhaftem Hass zerfressen.

Der Sohn Reinhold wollte nicht nur die völlige Trennung von der Familie, sondern er wollte – von unerklärlichem Hass erfüllt – darüber hinaus den Vater tatsächlich existenziell vernichten.

Es entspann sich in der Folge ein umfangreicher Schriftwechsel zwischen der Rechtsanwaltskanzlei des Sohnes und der des Vaters. Dabei wurde versucht, durch Verdrehungen und unwahre Unterstellungen dem Vater alles Mögliche anzudichten, doch konnten all diese zum Teil grotesken Anschuldigungen mühelos Punkt für Punkt widerleget werden.

Durch den unangekündigten, überfallsartigen Abtransport wichtigen Inventars erwuchs dem Senior ein beträchtlicher Schaden, da die Firma zunächst nur mit halber Kraft weitergeführt werden konnte. Erst nach Wiederanschaffung wichtiger Geräte konnte der Betrieb in vollem Umfang wieder aufgenommen werden.

Besonderen Schaden verursachte Reinhold dadurch, dass er die altbekannte Telefonnummer der Firma des Vaters mitnahm (alles heimlich vorbereitet), wodurch die Kunden nun automatisch in der Firma des Sohnes anriefen. Den Anrufenden wurde außerdem absichtlich fälschlicherweise mitgeteilt, dass die Firma des Vaters ohnehin bald geschlossen werde, eine bewusst unwahre, geschäftsschädigende Behauptung, für die es genug Zeugen gibt. Damit verstieß der Sohn neben anderen illegalen Aktionen auch gegen die Datenschutzgrundverordnung. Er untermauerte seine unwahre Behauptung damit, dass er sagte, auch die Chefsekretärin des Vaters werde bald in Pension gehen, da sie schon so alt sei. Ein diesbezügliches persönliches Schreiben der Sekretärin an Reinhold, diese unwahren Behauptungen zu unterlassen, blieb unbeantwortet. Diese illegale Abwerbung betrieb er weiterhin, wie Kunden wiederholt berichteten. Das und vieles andere wäre mit bester Aussicht auf Erfolg klagbar gewesen. Außerdem arbeitet die Sekretärin – nunmehr schon Jahre später – noch immer! *„Lügen haben kurze Beine",* kommentierten treue Kunden des Seniors.

Und das Eigenartige ist, dass der Vater – wie er mir mitteilte – trotz der Ungeheuerlichkeit des Vorgehens seines Sohnes, diesen **dennoch nicht hassen kann** und vermutlich nicht gerichtlich gegen ihn vorgehen werde. Man kann darin eine nach wie vor bestehende väterliche Beißhemmung erblicken. Er war nur über die charakterliche Fehlentwicklung seines Sohnes tief betroffen.

Das Protokoll dieses Abbruches zeigt deutlich auf, dass er ausschließlich auf Hass und Gier begründet war. Die Motive für diesen irrationalen Hass wollte oder konnte der Sohn nie erklären. Schon auf vorangegangene wiederholte Befragungen reagierte er nur mit Schweigen. Natürlich grübelten die Eltern darüber nach, welche Ursachen den Sohn zu diesem seit Jahren immer tiefer werdenden Hass geführt haben könnten; offensichtlich war einer der stärksten Beweggründe **das Geld**. Dem Sohn fehlte es in dieser wohlsituierten Familie zwar an nichts, insbesondere war er finanziell immer sehr gut gestellt, aber für einen paranoiden und narzisstischen Menschen ist das alles zu wenig. Nicht nur dass dem Sohn beruflich alle Wege geöffnet worden waren, vom kostspieligen universitären Auslandsaufenthalt in den USA bis zur Aufnahme in den väterlichen Betrieb und vielem anderen mehr – was für Eltern in einer normalen, **intakten Familie einfach selbstverständlich ist** – es war für den Sohn alles zu wenig; auch dass der Vater nach erfolgloser Wohnungssuche des Sohnes, eine dreistöckige Luxusvilla mit großem Garten und schönem Blick über die Stadt gekauft hatte und diese ihm und seiner Lebensgefährtin kostenlos zur Verfügung gestellt hatte, half nichts. Der Hass stieg weiter!

Manche Narzissten leiden darunter, dass sie ihre Persönlichkeitsstörung innerlich doch als Minderwertigkeit empfinden und meinen, sich durch den Familiencrash aufwerten zu können.

Der Kontaktabbruch bedeutet für den Narzissten deshalb vermeintlich eine Aufwertung, weil er Abhängigkeit nicht ertragen kann und somit provoziert er den Abbruch, sobald er sich dazu stark genug fühlt; diese Stärke verdankt er im Regelfall den Eltern, die ihn mit großem Einsatz stark gemacht haben, ohne zu ahnen, wie sich das Kind charakterlich entwickelt. Der Abbrecher setzt sich über alles hinweg, um aus dieser Abhängigkeit zu entkommen und merkt nicht, dass er sich manchmal in eine neue, viel größere Abhängigkeit begibt und womöglich nur als **Cash-cow** (Goldesel) für die Lebenspartnerin dient.

Mit der oben geschilderten Aktion des Sohnes erfolgte der endgültige und in der Rückschau längst fällige Familienabbruch. Es war wohl für alle das Beste. **Ich gratulierte dem Vater!**

Es ist für Eltern sowie für der Familie Nahestehende aber auch Außenstehende unerklärlich, wie es zu solch einer hasserfüllten Persönlichkeitsveränderung kommen kann. Einen großen Anteil zum Familienabbruch tragen aber wohl auch die Lebensgefährten bzw. Lebensgefährtinnen bei. So auch im Falle der oben geschilderten Situation von Reinhold.

Dieser ausführliche Bericht über einen besonders gelagerten Abbruch sollte dazu dienen, die Diversität solcher Begebnisse schlaglichtartig zu beleuchten; es gibt nichts, was es nicht gibt.

**Das, was wir im Leben am meisten bereuen müssen,
sind oft weniger die Dinge, die wir falsch
gemacht haben, sondern die tausend richtigen Dinge,
die wir für die Falschen getan haben.**

C. FOLGEN DES ABBRUCHES

42. KONTAKTABBRUCH AUS SICHT DER ELTERN

In einem Großteil der Publikationen über Kontaktabbrüche werden die Abbruchursachen aus dem Blickwinkel der Abbrecher analysiert. Die Sichtweise der verlassenen Eltern und deren Empfindungen werden seltener thematisiert; vielleicht, weil man die Abbrecher generell als den schwächeren Teil ansieht? In diesem Buch sollte auch die andere Seite, nämlich die der verlassenen Eltern beleuchtet werden.

„Der Kontaktabbruch – aus welchen Gründen er auch erfolgt – ist für verlassene Eltern mit einem ähnlichen Verlustschmerz verbunden, wie der Todesfall eines Kindes" meint Dorothee Döring[76] in ihrem Buch „Das war´s". Die Eltern suchen nach Gründen des Abbruches, bekommen aber seitens der Abbrechenden in den allermeisten Fällen keinerlei Hinweise. Da vor dem Abbruch oft eine jahrelange „Eiszeit der Sprachlosigkeit" herrschte, bleibt ihre Suche nach den Ursachen und Motiven des Abbruches ergebnislos. Manche Autoren meinen sogar, dass der ansatzlose Kontaktabbruch von den Eltern schlimmer empfunden werden könnte, als der Tod eines Kindes, weil der Tod eine klare Zäsur darstellt, endgültig ist und die Trauerarbeit irgendwann abgeschlossen ist. Beim Kontaktabbruch aber bleibt alles in Schwebe, alle Fragen bleiben offen, und somit kann kein Schlussstrich gezogen werden.

Ein Beispiel hierfür berichtet Angelika Kindt[15], welche Zwillingstöchter hatte, wovon eine früh verstarb. Viele Jahre später brach die andere Zwillingstochter den Kontakt zur Mutter von heute auf morgen vollkommen ab. Jahre später, als der Abbruch schon viele Jahre zurück lag, wurde Kindt befragt, was sie schwerer getroffen habe, der Tod der einen Tochter oder der Abbruch der zweiten Tochter.

Kindt erklärte, den Tod des Kindes habe sie irgendwann akzeptieren müssen und damit sei er abgeschlossen, „der Abbruch ist nicht abgeschlossen!" und der in diesem Interview anwesende Psychotherapeut Roland Kachler[77] meinte dazu: *„Der Verlust durch Abbruch ist ein uneindeutiger Verlust und bleibt offen. Der zentrale Punkt in diesem Prozess ist die Hoffnung und verhindert, sich auf das einzulassen, was jetzt ist"* und ergänzt:
„Die Trauerarbeit ist schwieriger bei einem uneindeutigen Verlust, als bei einem eindeutigen Verlust".

Die Eltern werden lange grübeln und nach Fehlern suchen, die ihnen beim Umgang mit den Kindern unterlaufen sind. Die Abbrecher grübeln nie, sie haben sich ihren Schritt schon lange vorher genau überlegt, das Dafür und Dawider abgewogen und dann den Abbruch in der Überzeugung getätigt, dass er für sie das Richtige und Vorteilhafteste ist; sonst hätten sie den Abbruch – manchmal sogar in massiver Rechtswidrigkeit (siehe Reinhold) – nicht vollzogen. Wie sich der Familien-Crash auf die Eltern und Geschwister auswirkt, ist den Abbrechern vollkommen egal!

Wenn ein Kind stirbt – sei es durch Unfall oder Krankheit – gibt es keine persönliche Schuld, keinen bösen Willen oder Hass, es ist einfach Schicksal. Wenn ein Kind hasserfüllt die Eltern endgültig verlässt, ist es oft böser Wille, und die Schuldfrage steht lebenslang ungeklärt im Raum. Daher meinen Manche, der Abbruch sei schlimmer als der Tod.

Das Schlimme für die Eltern ist die ungeklärte Frage: **„Was haben wir denn falsch gemacht?"** Dieser Frage stellen sich die Abbrecher nicht. „Was habe ich bloß verbrochen, wenn mein Kind die Höchststrafe einsetzt, die Verleugnung seiner Eltern"? Jörg Eikmann[34] (Seite 30). Und er meint, sie haben nichts verbrochen, denn sie haben nicht mutwillig gehandelt, sie haben sich vielleicht nur zu wenig Gedanken gemacht.

Angelika Kindt[15] berichtet von einer verlassenen Mutter, die mitteilte, dass man zuerst „wie gelähmt sei" und erst viel später „habe sie sich getraut, auch auf ihre Tochter wütend zu sein, empört und verletzt".

Selten wird die Entfremdung zwischen Kindern und Eltern von diesen nicht wahrgenommen, viel häufiger bemerken die Eltern das Auseinanderdriften sehr genau und bemühen sich, dem entgegenzuwirken (z. B. durch großzügige Zuwendungen, Wohnraumbeschaffung etc.), aber leider oft ohne jeglichen Erfolg.

43. AUSWIRKUNGEN DES ABBRUCHES AUF ENKEL UND GESCHWISTER

Der Kontaktabbruch durch erwachsene Kinder, die mittlerweile selbst Eltern geworden sind, wirkt sich naturgemäß auch tiefgreifend auf die Enkel aus. Die Enkelkinder werden gleichsam in Geiselhaft genommen und zugleich als Waffe eingesetzt. Dabei ist es den Abbrechern egal, welche Chancen sie den eigenen Kindern damit vorenthalten, oder sie wollen diese Aspekte nicht erkennen.

Die Langmütigkeit der Großeltern, die zumeist nicht mehr im Berufsleben stehen, daher weniger gestresst sind und viel Zeit und Geduld für die Enkel haben, die Erfahrung eines langen Lebens, aus der nur Oma und Opa schöpfen können und die Toleranz und Gelassenheit, die sich im Laufe der Jahre eingestellt haben, wirken sich im Umgang mit den Enkeln sehr positiv aus.

Oft ist die Zuneigung zwischen den Enkelkindern und den Großeltern besonders innig, da sie nicht selten mehr Verständnis und Geduld aufbringen können, als die Eltern. Großeltern haben aus den Fehlen ihrer eigenen Elternzeit gelernt und wissen diese bei ihren Enkeln zu vermeiden. Viele Enkel werden mehr von den Großeltern aufgezogen, als von den berufstätigen Eltern, welche – in der aktivsten Phase ihres Lebens stehend – einfach weniger Zeit für die Kinder haben. In intakten Familien wird üblicherweise die Mithilfe der Großeltern bei der Erziehung sehr geschätzt. In manchen Familiensituationen kann es aber sein, dass die Eltern diesen Bonus der Großeltern gar nicht gern sehen und einen Kontakt zwischen Enkeln und Großeltern verhindern. Sie tun ihren Kindern und sich selbst damit aber nichts Gutes.

Manche Familienabbrecher meinen, den erweiterten Kontaktabbruch zwischen Enkeln und Großeltern als Waffe verwenden zu müssen und versuchen, ihre Kinder zu instrumentalisieren, reden schlecht über die eigenen Eltern, die sie ja verlassen haben, müssen dafür Gründe anführen und unterbinden oft jedweden Kontakt mit den Großeltern, um diese gleichsam zu bestrafen. Sie erkennen nicht, dass sie damit ihre Kinder gleichsam in Geiselhaft nehmen und ihnen einen nicht wiedergutzumachenden Schaden zufügen. Großeltern leisten oft eine wertvolle Mithilfe für die Familie, sie können Enkelkinder z.B. schulisch unterstützen, beaufsichtigen, gemeinsam Hausaufgaben machen und haben für viele Unternehmungen Zeit. Nach einem Familiencrash könnte gerade durch die Enkel wieder ein Kontakt aufgebaut werden. Beim erweiterten Großeltern-Eltern-Enkel-Crash wird aber auch diese Möglichkeit durch die Abbrecher ausgeschlossen.

Mir wurde folgendes Beispiel einer Instrumentalisierung des Enkelkindes, nennen wir es Viktor, gegen den Großvater berichtet:

Es war ein sonniger Tag und der Großvater schaute aus dem Fenster in den Garten, wo Viktor – damals noch im Vorschulalter – spielte. Großvater und Enkel hatten ein sehr gutes Verhältnis zueinander. Plötzlich, ganz unvermittelt kam Viktor zum Fenster, baute sich mit beidseitig in die Hüften gestützten Armen vor dem Großvater auf, nahm all seinen Mut zusammen und fragte in forschem Ton: **„Warum bist du zu meinem Papa so bös?"** Der Großvater fiel aus allen Wolken und antwortete: *„Ich bin ja zu deinem Papa nicht bös, ganz im Gegenteil, ich habe ihm immer geholfen wo ich nur konnte."* Dann fügte er hinzu: *„Aber du wirst ja älter und kannst dir dann eine eigene Meinung bilden."*

Der Großvater musste aus diesem Vorfall erkennen, wie sein Sohn über ihn zuhause in negativer Weise sprach und den Enkel geradezu indoktriniert hatte. Dieser an sich eher harmlose Wortwechsel zwischen Großvater und Enkel wurde zu Hause natürlich berichtet. Ab diesem Zeitpunkt wurde der Kontakt zwischen dem Enkel und den Großeltern durch die Eltern strikt verboten, obwohl diese dadurch beträchtliche Nachteile in Kauf nehmen mussten. Aber der Hass war größer, und außerdem befürchteten sie, dass der Enkel doch eine andere, neutralere Sichtweise der Dinge gewinnen könnte. Bald darauf kam es auch in dieser Familie zum Familienabbruch.

Weitere Nachteile für die Abbrecher können entstehen, wenn die Enkel reifer werden und sich dann selbst ein objektives Urteil bilden können. Den Enkeln wird bewusst werden, dass nicht alles, was sie von den Eltern in indoktrinierender Absicht zu hören bekommen haben, auch stimmte und niemals eine Seite allein recht hat. Sie werden kritische Fragen stellen, besonders dann, wenn sie in die Pubertät kommen und zwischen ihnen und den Eltern auch nicht immer alles friktionsfrei abläuft. Kommt es zu ernsten, tiefgreifenden Meinungsverschiedenheiten, haben ihnen ihre eigenen Eltern, die den Kontakt abgebrochen haben, einen möglichen konfliktlösenden Weg vorgelebt: den Familienabbruch!

Nicht nur für die Enkel bedeutet der Familienabbruch ein einschneidendes Ereignis, auch die Geschwister werden gleichsam in Sippenhaft genommen. Sie werden in die Familienzerwürfnisse hineingezogen, und leiden ganz beträchtlich. Sie wollen weder die Eltern noch die Abbrecher verurteilen, wollen möglichst neutral bleiben und der Familiencrash ist ihnen zutiefst zuwider. Eine Lösung können sie in den allermeisten Fällen nicht herbeiführen.

44. VERBITTERUNG

Nach einem Familienabbruch werden die Eltern nach Ursachen suchen und wahrscheinlich lange Zeit darüber grübeln, warum es zum Abbruch gekommen ist. Die Ursachen werden manchmal geklärt werden können, in anderen Fällen aber nie. Es ist nun nicht sinnvoll, ewig über das Geschehene nachzudenken und Vergangenem nachzutrauern, manches im Leben bleibt ungelöst und allzu langes Grübeln, das zu keiner Lösung führt, kann letztlich in Verbitterung enden.

Verbitterungen entstehen aus tiefen Kränkungen. Reinhard Haller hat den Kränkungsmechanismus in seinem Buch „Die Macht der Kränkung"[78] besonders ausführlich beschrieben und analysiert und sagt: *„Verbitterte Menschen sind tief enttäuscht vom Leben".*

Zur Verbitterung kommt es, wenn tiefe Kränkungen nicht verarbeitet und gelöst werden können und sich die Negativität im Innersten dauerhaft festsetzt und eine positive Wendung nicht mehr in Aussicht steht. Alle Gedanken des Verbitterten kreisen immer wieder um die negativen Erlebnisse, er fühlt ständig die erlebte Ungerechtigkeit, die beabsichtigte Erniedrigung, die Frustration und Enttäuschung, die schließlich in Resignation und Bitterkeit münden. Das kann so weit gehen, dass die Lebensfreude abhandenkommt, weil das Denken an die negativen Ereignisse einen nicht mehr loslässt und der Verbitterte resignierend und tief enttäuscht das Gefühl hat, dass es keinen Ausweg aus seiner Situation gäbe.

Schon Aristoteles (384-322 v. Chr.) hat in seiner „Nikomachischen Ethik", benannt nach seinem Sohn Nikomachos, den Verbitterten, so beschrieben: *„der schwer zu Versöhnende, der lange den Zorn festhält und in seinem Innersten verschließt und sich damit sich selbst und den vertrautesten Freunden zur schwersten Last wird"*.

Der Wiener Psychiater und Psychotherapeut Raphael Bonelli[79] sagt: *„Wer sich Kränkungen immer wieder in Erinnerung ruft, blutet ewig."* (zit. auch bei Haller, S. „Die Macht der Kränkung", 133).

Der Psychiater und Psychotherapeut Michael Lehofer[14] formuliert: *„Die Verbitterung ist die kristallisierte Frustration, und Verbitterung macht uns alt"* (S. 91). Sie ist letztlich der Ausdruck dessen, dass wir die Realität nicht anerkennen wollen. Durch die Frustration werden diese Menschen besonders anfällig für esoterische Heilsversprechen und manipulierbar.

Michael Linden[80], Leiter der „Forschungsgruppe Psychosomatische Rehabilitation" an der Charité, Berlin, Erstbeschreiber der posttraumatischen Verbitterungsstörung, hat anhand seinen jahrelangen Untersuchungen an verlassenen Menschen ein durch Depressivität gekennzeichnetes Störungsbild gefunden, welches er mit dem Begriff „Posttraumatische Verbitterungsstörung" präzisierte. In ihrem Buch „Lass los" haben sich Michael Linden und Sigrid Engelbrecht mit dem Verbitterungsthema eingehend befasst; dieses Buch sollte besonders von jenen Menschen gelesen werden, die in Gefahr sind, einer Verbitterungsstörung anheimzufallen.

Zur Verbitterung darf es, auch beim bösartigsten Familienabbruch, nie kommen.

Jeder Mensch war im Leben schon einmal verbittert und kennt dieses negative Gefühl, das uns im Innersten zu erschüttern vermag. Herabwürdigung, Kränkung, Zurückweisung, Vertrauensbruch, Konflikte am Arbeitsplatz, Mobbing, ungerechtes Verhalten von Familienangehörigen und Familienabbruch gehören zu den Auslösern dieser tiefen menschlichen Emotion.

Im Leben begegnen wir oft Situationen, die Verbitterung auslösen können, aber zumeist werden diese nach einer gewissen Zeit verarbeitet und wieder vergessen. Manches aber kann uns jahrelang beschäftigen, und manchmal finden Menschen nicht mehr aus einer Verbitterungskrise heraus. Zorn und Schmerz wirken lange nach, sodass der Druck im Inneren immer weiter steigt.

Verbitterung ist keine Grund-Emotion im wissenschaftlichen Sinn wie z.B.: Ärger, Liebe, Scham, Wut, Angst, Freude, Ekel oder Traurigkeit, sondern eine Sekundär-Emotion. Eine sekundäre Verbitterung kann auch im Kontext anderer psychischer Krankheiten vorkommen wie z. B. bei narzisstischen oder paranoiden Persönlichkeitsstörungen.

In seinem RPP-Vortrag anlässlich der Fachtagung „Schuld und Vergebung" vergleicht M. Linden[80] die komplex aufgebaute Verbitterung mit den Farben. Es gibt die Grundfarben, aus denen die ganze Palette von Farbmischungen aufgebaut werden kann. Genauso kann das limbische System des Gehirns eine Fülle von Sekundär-Emotionen generieren. Zu den Komponenten, die eine Verbitterung entstehen lassen, gehören: Kränkung, Frustration, Enttäuschung, Vertrauensbruch, Ungerechtigkeit, Herabwürdigung, Zurückweisung und Hass; alle diese Sekundäremotionen können nach einem Familienabbruch eine wesentliche Rolle spielen.

Das Gewicht einer Kränkung lastet umso schwerer:
je wichtiger der Kränkende für den Betroffenen ist,
je näher der Kränkende dem Betroffenen steht,
je stärker zentrale Werte in Mitleidenschaft gezogen werden. (n. Linden[80] „Lass los", S. 25)

Linden unterscheidet zwischen:

a) Normaler Verbitterung (dieses Gefühl hat jeder schon einmal erlebt)
b) Verbitterung bei „verbitterungsanfälligen Persönlichkeiten"; das sind Menschen, welche generell zum Beleidigtsein neigen (man muss jedes Wort auf die Goldwaage legen), sogenannte „beleidigte Leberwürste"
c) Stimulusbegrenzte Verbitterung (wenn bei einem Menschen der sog. „wunde Punkt" getroffen wird
d) Posttraumatische Verbitterungsstörung (eine Reaktion auf ein negatives Ereignis, das die Person zutiefst getroffen hat (Scheidung, Kündigung, Herabwürdigung, Ungerechtigkeit, das Gefühl, betrogen worden zu sein).

Dazu kann auch der **Kontaktabbruch durch erwachsene Kinder** führen, und ein derartiges Trauma kann manchmal so tief treffen, dass die Betroffenen nicht mehr aus dieser belastenden Situation herausfinden. „Werden Enttäuschung und Kränkung nicht überwunden, dann führt das dazu, dass die Gedanken immer wieder um das erlittene Unrecht oder die demütigende Zurückweisung kreisen – auch wenn das Geschehen schon Jahre zurückliegt" und „Ein destruktiver innerer Monolog beginnt, Schleife um Schleife zu ziehen." (Linden M., „Lass los", S. 28)

Linden präzisiert die Komponenten der Verbitterung sehr ausführlich und sagt: *„Verbitterung kann als ein komplexes Zusammenspiel aufeinander aufbauender und miteinander verflochtener Emotionen betrachtet werden."* Ungerechtigkeit wird wie eine Aggression erlebt und erzeugt Gegenaggression. Verbitterung kann auch definiert werden *„als Aggression unter Inkaufnahme der Selbstzerstörung"*. Die Endgültigkeit einer Situation wird nicht akzeptiert und die Vergangenheit wird immer wieder in negativem Sinne abgerufen und damit aktiviert. An die positiven Erlebnisse denkt man eher nicht; diese werden ausgeklammert.

Zu dem kommt, dass unser Erinnerungsvermögen nicht in der Lage ist, Geschehnisse objektiv zu konservieren. Bei allen Erlebnissen ist eine emotionelle Komponente dabei, die oft einen wesentlich tieferen Eindruck hinterlässt, als die objektiv tatsächlich stattgefundenen Vorkommnisse. Man denke an die unterschiedlichen Schilderungen eines Unfallgeschehens und jeder fühlt sich im Recht. Man denke ferner an die divergierenden Zeugenaussagen, wobei jeder meint, die Wahrheit zu sagen. Unsere Erinnerungen sind keineswegs in Stein gemeißelt und werden im Lauf der Zeit in unserem Gedächtnis umgeschrieben. So, wie es unterschiedliche Charaktere gibt, mutige, ängstliche, sanguinische, melancholische, cholerische etc., so gibt es auch Menschen, die zur Verbitterung neigen. Sie fühlen sich schon bei Kleinigkeiten angegriffen und beleidigt; wenn man den Gruß „Guten Tag" irgendwie unrichtig betont, grübeln diese Menschen, ob der Gruß vielleicht negativ gemeint war. Der Volksmund spricht von „Mimose", oder „beleidigter Lebewurst". Wird die Verbitterung nicht aktiv verarbeitet, hat sie die Tendenz chronisch zu werden.

Seelische Verbitterung kann auch somatische Auswirkungen haben, was auch umgangssprachlich zum Ausdruck kommt:

„Da kommt mir die Galle hoch",
„Mir schwillt die Zornesader",
„Da dreht sich mir der Magen um",
„Es hinterlässt einen bitteren Beigeschmack",
„Das geht mir an die Nieren",
„Ich bekomme Gänsehaut",
„Mir läuft es kalt den Rücken hinunter" etc.

„Groll zu hegen ist so, als würde man sich selbst schlagen und dann erwarten, dass der andere den Schmerz spürt", Sichel Mark[81] . Es liegt im eigenen Interesse, sich vom Geschehen zu lösen und die innere Balance wiederzugewinnen.

Schon Platon (427 – 347 v. Chr.) meinte, dass, wenn Gutes mit Unrecht vergolten wird, bittere Enttäuschung entsteht. Wer immer wieder erlebt, dass eigene Wünsche und Anliegen einfach ignoriert und zurückgewiesen werden, kommt zum Schluss, dass es vergeblich ist, sich mit einer Bitte an jemanden zu wenden, da man doch nur eine Abfuhr erhält.

Die chronische Ärgerbereitschaft mancher Menschen blockiert die Verarbeitung von Kränkungen. Die emotionale Belastung wird von verschiedenen Menschen gemäß ihrer unterschiedlichen persönlichen Bewältigungskompetenzen auch unterschiedlich schwer empfunden. Generell empfiehlt es sich, belastende Dinge gelassener zu sehen. Man sollte sich nicht darüber ärgern, dass im Supermarkt die Menschenschlange an der benachbarten Kasse schneller vorankommt.

Ein typisches Beispiel von Verbitterung, die zur Selbstzerstörung führt, schildert Heinrich von Kleist in seinem Werk Michael Kohlhaas. *"Fiat Justitia, Et Pereat Mundus!"* – *"Es soll Gerechtigkeit geschehen, und gehe auch die Welt daran zugrunde."* An diesem – aus seiner Sicht berechtigten Gerechtigkeitsfanatismus – ging Kohlhaas zugrunde. Verbitterung führt nicht zur Problemlösung, sondern ist ein Zurückschlagen unter Inkaufnahme der Selbstzerstörung, wie dies auch der Psychoanalytiker James Alexander[82], im „International Journal of Psychoanalysis" beschrieben hat. Diese destruktive Geisteshaltung kennt jeder Richter.

Hierzu ein tragisches Beispiel für Rachsucht und Selbstzerstörung: Ein Elektrohändler (Ro…) in Graz, dessen Frau anlässlich der Scheidung sämtliche Schwarzgeschäfte ihres Ex-Gatten aus Rache der Finanzbehörde meldete (sie wollte ihm schaden, wo sie nur konnte), wollte seine Ex-Frau ermorden, schoss sie nieder und beging anschließend Selbstmord. Während der Selbstmord gelang, waren die Schüsse auf seine Ex-Frau nicht tödlich, sie blieb aber lebenslang gelähmt und an den Rollstuhl gefesselt. Gerichte werden gar nicht selten mit solchen Racheakten, die aus einer Verbitterungsreaktion resultieren, beschäftigt.

Unsere Weltanschauung ist durch unsere Wahrnehmungen und Erfahrungen geprägt und steuert unser Verhalten. Die Grundannahmen umfassen abstrakte Einschätzungen über uns selbst, die Umwelt und die wechselseitigen Beziehungen zu anderen Menschen. Dazu gehört auch das subjektive Gerechtigkeitsempfinden, welches uns ermöglicht, ein Grundvertrauen zum Gegenüber zu entwickeln. Diese Grundannahmen (basic beliefs) oder Weltanschauungen werden zumeist nicht hinterfragt und sind von großer individueller, sozialer und gesellschaftlicher Bedeutung.

Baumann Kai und Linden Michael[83] , berichten in ihrem Buch über die Bewältigung von Lebensbelastungen über weltanschauliche

Grundannahmen, welche unser Verhalten steuern. Zu diesen Grundannahmen gehören in unserer Gesellschaft auch eine harmonische Eltern-Kind-Beziehung und die Annahme einer gegenseitigen Wertschätzung und Dankbarkeit. Wenn Grundannahmen nachhaltig und bösartig verletzt werden, ist es zur Verbitterung nur ein kleiner Schritt.

Situationen, welche unseren Grundannahmen entsprechen, werden positiv konnotiert, Vorkommnisse, die unseren Grundannahmen widersprechen, werden als Herabwürdigung empfunden. Einen Menschen, bei dem der Beruf einen besonders hohen Stellenwert hat, wird ein Familienabbruch nicht so hart treffen, wie einen Familienmenschen, dem die Familie ein und alles ist. Wie schwer uns also ein Familienabbruch trifft, hängt sehr von der subjektiven Bewertung des Ereignisses ab.

Belastende Erlebnisse können wir mit zunehmendem zeitlichen Abstand besser bewerten, objektiver einordnen und eigene Fehler sowie die des Abbrechers besser verstehen. Eine Seite allein hat selten Schuld! Wir müssen uns aber auch darüber im Klaren sein, dass Erinnerungen sich verändern. An ein und dieselbe Situation, die man gemeinsam erlebt hat, wird jeder andere, persönlich gefärbte Erinnerungen haben. Von einer Autofahrt ins Grüne wird der Fahrzeuglenker eher eine konkrete kritische Fahrsituation im Gedächtnis behalten, während die Beifahrerin die Fahrsituation vergisst und sich eher an einen auffliegenden Fasan erinnert; beide haben dieselbe Fahrt erlebt, aber die Wertigkeit ihrer Erinnerungen ist ganz verschieden. Die Erinnerungen an konkrete Ereignisse können sich im Lauf der Zeit stark verändern und werden oft nach und nach im Gedächtnis umgefärbt. Jeder Richter kennt die unterschiedlichen Zeugenaussagen von ein und demselben Ereignis.

Genauso unterschiedlich werden die Parteien eines Familienabbruches die Ursachen, die Beweggründe und den Ablauf eines Abbruches memorieren. Nur was schriftlich festgehalten wurde, unterliegt nicht der Erosion durch die Zeit.

Etwas sehr Negatives, das sich in unser Gedächtnis eingeprägt hat, kann durch das immer wieder Aufrufen zu einer Negativspirale führen, wobei es mit der Zeit immer noch schlimmer empfunden werden kann und schließlich in Verbitterung endet. Je länger sich der Mensch den düsteren Gedankengängen aussetzt, indem er das negative Ereignis immer wieder abruft, desto eher kommt es zu dieser selbstzerstörerischen Verbitterung.

Verbitterungen können chronisch werden!

R. D. Enright[84] meint: *„Unversöhnlichkeit, Bitterkeit, Ressentiments und Wut sind mit den vier Mauern einer Gefängniszelle vergleichbar".*

So weit darf es niemals kommen! Niemand ist vor Enttäuschungen gefeit, sie gehören zum Leben. Aber üblicherweise verblassen die Erinnerungen daran und man geht zur Tagesordnung über. Wenn man sich aber auf das Verbitternde fokussiert, es immer wieder abruft und damit gewissermaßen konserviert, gerät man in einen Teufelskreis, aus dem man schwer entkommt. Das Negative muss man ganz bewusst zurücklassen, sich der Zukunft zuwenden, an das Schöne denken, welches das Leben bereithält und nicht Vergangenem nachhängen. Das oft zwanghafte Erinnern an vergangene unerfreuliche Ereignisse führt nur zur geistigen Verknöcherung und blockiert das freudige Hinaustreten in die Zukunft, die nach der Lösung aus einer toxischen Verbindung nur besser werden kann.

Löst man sich nicht aus der Verbitterungsspirale macht man sich vom Abbrecher abhängig, denn eine Beendigung der Bitternis hinge dann allein davon ab, ob dieser wieder Kontakt sucht; **das wird er aber nicht tun!**

Vollkommen verkehrt wäre es, sich in Rachefantasien zu ergehen, obwohl dies nahe läge. Der Vergeltungsdrang versucht – dem Gerechtigkeitsbedürfnis folgend – ein zu Unrecht gestörtes Gleichgewicht wiederherzustellen. Ziel der Rache ist, Genugtuung für erlittenes Unrecht und damit vermeintlich ausgleichende Gerechtigkeit zu erreichen. Diesen Gedanken sollte man sofort fallen lassen. Das Motto **„Auge um Auge, Zahn um Zahn"** hat in der westlichen Gerichtsbarkeit keine Gültigkeit mehr und gehört zu den dümmsten und niedrigsten Motiven der Menschheit.

45. VERGELTUNG UND RACHE

Es ist durchaus nachvollziehbar, dass eine geschädigte Person für erlittenes Unrecht Vergeltungs- und Rachegelüste entwickelt. Vergeltung oder Rache will im Sinne von ausgleichender Gerechtigkeit eine gestörte seelische Balance wieder ins Lot bringen und einen Ausgleich für angebliche oder tatsächlich erlittene Ungerechtigkeiten wiederherstellen. Der Abbrecher hat seine zumeist vorhandenen Rachegefühle durch den wohlüberlegten Familienabbruch gestillt. Oft hat er monate- oder sogar jahrelang das Für und Wider des Abbruches abgewogen und ist zum Schluss gekommen, dass der Abbruch für ihn das Beste sei. Wenn sich später vielleicht auch Zweifel an dieser Tat einstellen mögen, zuerst wird der Abbrecher triumphieren. Rache ist das Gegenstück von Dankbarkeit.

Die verlassenen Eltern fallen zumeist aus allen Wolken, grübeln meist lange über die Ursachen des Abbruches und hegen eher keine Rachegefühle, egal wie schwer sie der Familiencrash auch trifft. Nach einiger Zeit und Bilanzierung der gegenseitigen Hilfen, Unterstützungen und Wohltaten einerseits und der gegenseitigen Kränkungen, Ungerechtigkeiten und Herabsetzungen andererseits, sind aufkeimende Rachegefühle auch bei Eltern durchaus möglich. Reinhard Haller[85] schreibt in seinem herausragenden Werk „Rache, gefangen zwischen Macht und Ohnmacht": *„Wenn es um Rachegedanken und -gefühle geht, sind wir hin- und hergerissen wie bei keinem anderen emotionalen Zustand".*

Schon vor dem Abbruch kann auch der Abbrecher Rache ausüben, indem er die Eltern entwertend anschweigt, ihnen aus dem Weg geht, nicht antwortet und keines Blickes würdigt, was letztlich tiefe Verachtung ausdrückt. Dieses Verhalten nennt man **Ostrazismus** und entspricht über weiten Teilen dem modernen Ausdruck **Mobbing.** Wenn sich Eltern aufgrund des Verhaltens der Kinder ihrerseits emotionell zurückziehen, kann dies bei den Kindern zum Gefühl der Ausgegrenztheit führen, wodurch es zur Auslösung einer Negativspirale kommen kann. Ausgrenzung ist immer negativ konnotiert.
Kip Williams[86] von der Ohio State University sagt, das Gefühl der Ausgegrenztheit „kann ein derart starkes Verlangen in uns wecken, dazuzugehören und von irgendjemandem gemocht zu werden, dass unsere Fähigkeit schwindet, zwischen Gut und Böse zu unterscheiden. Das geht sogar so weit, dass wir uns von so ziemlich jeder Gruppe angezogen fühlen, die bereit ist, uns aufzunehmen – sogar von Sekten und Extremisten". Mit Schweigen, Kontaktverweigerung und Ausgrenzung lässt sich die Spirale von Rache und Gegenrache wirkungsvoll aufschaukeln. Das Rachebedürfnis kann sogar so stark sein, dass auch eigene, große Nachteile in Kauf genommen werden, so lange die Nachteile für das Opfer überwiegen. Die wichtigsten Auslöser von Rache sind Neid, Gier und Hass.

Es gibt natürlich auch ganz triviale Ursachen für Rachegefühle wie z.B. das Gefühl, zu wenig Geld für eine geleistete Mitarbeit erhalten zu haben; dabei sind die Ursachen für Rachegefühle ganz vordergründig und bewusst. Sie können aber auch im Unbewussten liegen und man will sich an bereits in der Kindheit empfundenen Kränkungen rächen, an Erlebnissen, die gar nicht mehr präsent sind und die Racheauslöser vergessen und ins Unterbewusste verdrängt wurden. Da der Rachesinn im dritten Lebensjahr entsteht, können von da an Rachegedanken aufkommen.

Die Rachsucht hängt sehr mit dem Selbstwert und dem Gerechtigkeitsbedürfnis zusammen. Je geringer der Selbstwert und je ausgeprägter das oft übersteigerte Bedürfnis nach Gerechtigkeit ist, desto ausgeprägter ist das Verlangen nach Rache.

Ein wichtiger Rechtsgrundsatz im Kapitel „Rache" ist das **Talionsprinzip,** womit gemeint ist, dass zwischen dem Schaden, den der Täter angerichtet hat und dem Strafausmaß für den Täter, eine Verhältnismäßigkeit im Sinne von Ausgewogenheit herrschen soll. Dieser Rechtsgrundsatz hatte schon vor Jahrtausenden Gültigkeit (z.B. bei den Sumerern, Römern, in der jüdischen Tora etc.), wird aber heute in der westlichen Welt eher als obsolet abgelehnt.

Würde das alttestamentarische Motto *„Auge um Auge, Zahn um Zahn"* angewendet werden, wäre die Welt größtenteils nur mehr von **Zahnlosen** und **Blinden** bevölkert.

Wenn schon die Vergeltung oder Revanche für angetanes Unrecht nicht unterdrückt werden kann, so sollte diese immer darauf bedacht sein, die Höhe des selbst erlittenen Schadens nicht zu erreichen und schon gar nicht zu überschreiten; dies würde wiederum Rache provozieren und die Rachespirale nähren. Genauso wie es eine gesetzlich verbotene Notwehrüberschreitung gibt, muss man auch eine unzulässige „Racheüberschreitung" postulieren, die keinesfalls stattfinden darf. Manchmal tut so eine wohldosierte Revanche aber richtig gut; am heilsamsten und wirkungsvollsten ist sie, wenn man in der Lage ist, einen Schuss Humor beizumengen. Eine subtile Form ausgleichender Gerechtigkeit könnte man eventuell bei der Abfassung des Testaments einfließen lassen.

Befriedigung durch ausgeübte Rache kann neurophysiologisch nachgewiesen werden, da es dabei laut Neurowissenschaftler Dominique de Quervain und Neuroökonom Ernst Fehr zu einer nachweisbaren Aktivierung des im dorsalen Striatum gelegenen Belohnungszentrum im Gehirn kommt[87]. Ziel der Rache ist es, den Selbstwert wiederherzustellen. Die Selbstwerteinstufung ist bei narzisstischen und histrionischen Personen viel zu hoch, daher sind diese auch besonders rachsüchtig; Rache soll das Selbstwertgefühl anheben, damit dieses der hohen Selbsteinschätzung besser entspricht.

Nach der durchgeführten Racheaktion stellt sich oft ein schales Gefühl ein, denn die Genugtuung der Rache speist sich primär aus dem vermuteten Leid des Geschädigten. Sollte der Geschädigte den Racheakt leicht verschmerzen oder gar vergeben, ist die Rache nicht mehr süß, sondern erhält einen unangenehmen Beigeschmack. Und es erhebt sich die Frage, ob das Racheverhalten nicht selbstschädigend war und zusätzlich von der Umgebung als charakterlose Undankbarkeit abqualifiziert wird.

Die Gefühle nach vollzogener Rache sind im späteren Verlauf nicht nur positiv. Für die Rachetat bedarf es zukünftig auch nach Jahren einer Rechtfertigung und Hinterfragung, ob man recht getan hat, oder ob die Tat in erster Linie doch durch moralische Bösartigkeit ausgelöst wurde (vielleicht unterstützt durch egozentrische, auf ihren

Vorteil bedachte Ratgeber/innen). Der russisch-amerikanische Biochemiker Isaac Azimov[88] sagt treffend: *„Rache ist die letzte Zuflucht des Hilflosen"*.

Ein Familienabbruch kann auch oft durch **Neid** motiviert sein. Neid kann bei der Mutter-Kind-Beziehung beginnen, dann unter Geschwistern, unter Kolleginnen, zwischen Generationen und auch Eltern gegenüber. Neid kann sich auf nahezu alles beziehen, auf Aussehen, Einkommen, Besitz, Fähigkeiten, beruflichen Erfolg, auf Redegewandtheit, soziale Stellung, Persönlichkeit, Anerkennung durch andere Personen u.v.a. mehr.

Neid und Narzissmus sind seelenverwandt. Beiden Geisteshaltungen ist das Begehren immanent, etwas, was der andere kann oder hat, ebenfalls zu können oder zu besitzen. Wenn dieses Wunschdenken nicht erfüllt wird, führt dies zu Neid, der seinerseits zu Hass und Rache führen kann.

Der schon oft zitierte prominente Gerichtspsychiater Reinhard Haller[89] bezeichnet Hass als das böseste aller Gefühle. Als Gegenteil der Liebe verabscheut er nicht nur einen Menschen, sondern möchte ihm auch schaden; Hass zielt in letzter Konsequenz auf die Vernichtung des Gegners. (Siehe Kapitel 41: Protokoll eines Abbruches, Reinhold: *„Ich werde dir schaden, wo ich nur kann"*!)
Reinhard Haller unterscheidet im wesentlichen zwei Formen von Hass: den charakterbedingten Hass und den reaktiven Hass. Beim charakterbedingten Hass ist die Hassbereitschaft in der Persönlichkeitsstruktur verhaftet. Solche Menschen tragen die Feindseligkeit von der Jugend bis zum Greisenalter permanent in sich, sodass sie in jeder Situation aktualisiert werden und in blinden Hass umschlagen kann. Hingegen ist der reaktive Hass das Ergebnis einer psychischen Verletzung oder Kränkung.

Da Rache im Endeffekt niemals positiv ist und auch niemandem wirklich nützt, sollte man Rachegedanken begraben oder umformen. R. Haller bringt in seinem Buch „Rache" zehn interessante Vorschläge zur Bewältigung von Rachegefühlen[90].

Wissenschaftliche Untersuchungen haben ergeben, dass Rachegelüste umso größer sind, je niedriger der Selbstwert einer Person ist (Maes, Jürgen[91] : „Psychologische Überlegungen zu Rache"). Vergeltung und Rache sind nicht sinnvoll und daher keine Optionen, eine zufriedenstellende Lösung herbeizuführen.

Anstelle von Rache gibt es etwas viel **Eleganteres;** dazu später mehr.

D. LÖSUNGSMÖGLICHKEITEN

46. WIE SOLL ES WEITERGEHEN?

Das hängt größtenteils von Ihnen ab, sehr geehrte Leserin, sehr geehrter Leser!

Mit der Frage nach der weiteren Zukunft der familiären Beziehung zwischen den Eltern und den Abbrechern beschäftigen sich in erster Linie die Eltern. Die Abbrecher haben ja ihre Entscheidung in eindeutiger Weise getroffen und realisiert. Die Trennung hat stattgefunden, das Leben geht weiter. Nach einer kurzen Zeit der Bestandsaufnahme folgt die längere Zeit der Aufarbeitung. In der Rückschau wird manches klarer, die Beurteilung der zweifellos von beiden Seiten gemachten Fehler wird nach der Abkühlphase objektiver sein können, aber jedwede Schuldzuweisungen bringen gar nichts. Langes Grübeln und Ursachenforschungen sind eher müßig; es ist wie es ist!

Mit der Entscheidung der Abbrecher müssen beide Teile leben. So wie Ehescheidungen häufiger geworden sind, hat auch die Zahl der Familienabbrüche stark zugenommen. Es gibt Scheidungen mit bösartigen Rosenkriegen, aber auch Trennungen ohne Krieg. Man hat sich auseinandergelebt und es kommt zur einvernehmlichen Trennung. Genauso unterschiedlich können auch Familienabbrüche sein: neutrale, fast emotionslose Trennungen oder aber – im schlimmsten Fall – Trennungen mit abgrundtiefem Hass. Der Endeffekt ist immer der gleiche: Trennung! Wie die Art und Weise der Trennung erfolgte, hängt in erster Linie vom Charakter der Abbrecher ab.

Blickt man in der Geschichte zurück, kann man feststellen, dass die heutigen engen Familienbande früher gar nicht üblich waren. Jede Zeit hat ihre eigene Beziehungskultur; war die Ehe vor nicht allzu langer Zeit praktisch unauflösbar („*bis dass der Tod euch scheidet*"), so spricht man heutzutage oft nur mehr von „Lebensabschnittspartnern".

Nicht viel anders ist die Wertigkeit des Zusammenhaltes in vielen Familien. Die Nachfolgegeneration meint, nicht mehr sehr des Schutzes der Eltern zu bedürfen, sie will ihre eigenen Wege gehen, und manchmal werden Eltern nicht nur als lästig, sondern sogar als Belastung empfunden. Der Generationenvertrag früherer Prägung wird zunehmend obsolet. Die mannigfaltigen Ursachen und Auslöser eines Familienabbruches wurden in diesem Buch eingehend besprochen. Die beständige und so sehr gewünschte „heile Familie" ist – blickt man um sich – oft nur Wunschdenken.

Wurde der Kontakt vom Kind abgebrochen, sollte ein neuerlicher Kontakt vom Kind bzw. den Abbrechern angebahnt werden. Die Wiederaufnahme des Kontaktes sollte Ihrerseits keinesfalls aus sentimentaler Motivation initiiert werden. Nach einem Abbruch ist nichts mehr wie es früher war. Treffen sich Eltern und Abbrecher später wieder, so kann diese Begegnung vielleicht ein Neuanfang sein, aber er fände zwischen völlig anderen, man könnte sagen zwischen fremden Menschen statt! Diese haben vor längerer Zeit zu einer Familie gehört, haben sich in der Zwischenzeit verändert (hoffentlich!) und versuchen auf einer neuen Ebene wieder in Kontakt zu treten. Das sollte nichts Emotionelles an sich haben, sondern sollte ein neutrales Zusammentreffen von Menschen sein, die früher einmal eine Familie gebildet haben. Nicht mehr und nicht weniger!

Die Kontaktaufnahme findet zwischen fremden Menschen statt. Nichts ist mehr wie früher!

Nachdem ein zeitlicher Abstand zum Trennungsereignis gewonnen wurde, muss es gelingen, auch einen emotionalen Abstand zu erreichen. Wenn Sie in Ruhe die Situation überdenken, müssen Sie der Realität Raum geben. Vergangenes ist vergangen; nun sollte das Verhältnis zueinander möglichst emotionslos in ruhigen Bahnen positiv wieder aufgenommen werden.

Generell sollten Sie einen Zustand erreicht haben, in dem Sie sich Befreiendes und Gutes gönnen und Schritte setzen, die oft erst nach einem gewissen Abstand vom Trennungsgeschehen vollzogen werden können. Sie sollten sich unbelastet der Zukunft zuwenden. Um unbelastet der Zukunft entgegenzugehen, sollten Sie Folgendes beachten:

Anstelle von Grübeln oder Rache gibt es etwas viel Eleganteres: „Vergeben Sie den Abbrecher/innen!"

Was??? -- Wie soll ich **ihm/ihr** vergeben, nachdem **er/sie (der/die Abbrecher/in)** mir doch so ein schweres Unrecht angetan hat? (*Merken Sie, wie holprig* **gendern** *ist? Darum habe ich in diesem Buch weitgehend darauf verzichtet.*)

Hier ist eine genaue Begriffsbestimmung **zwingend** notwendig! Im allgemeinen deutschen Sprachgebrauch wird zwischen „Vergeben" und „Verzeihen" kein Unterschied gesehen; diese Begriffe werden oft als Synonyme verwendet, und das ist absolut nicht korrekt! Sie haben nämlich eine ganz unterschiedliche Bedeutung wie im Folgenden erläutert wird.

47. VERGEBEN, VERZEIHEN, VERSÖHNEN

Zu dieser Thematik haben Michael Linden und Sigrid Engelbrecht in ihrem Buch „Lass los!"[80] einen wunderbaren, heilsamen Weg gezeigt:

„Vergeben" bedeutet, sich freimachen von negativen Erinnerungen und nützt nur dem Betroffenen, nicht dem Abbrecher. **Vergeben hat nichts mit Verzeihen zu tun!** Viele meinen, Vergeben beinhalte auch, dass das verletzende Verhalten des Täters entschuldigt werde; das ist aber keineswegs der Fall.

Unter „Vergebung" versteht Linden einen innerseelischen Bewältigungsprozess, der völlig unabhängig von der Schuldeinsicht oder Reue des Täters stattfindet. Vergebung ist ein strategisches Vorgehen mit dem die belastenden Folgen einer äußeren oder inneren Verletzung bewältigt werden können.

Vergebung betrifft eigentlich nicht den Verursacher, sondern ist ein Prozess, der sich ausschließlich im Inneren des Geschädigten abspielt. Dazu bedarf es eines hohen Maßes an emotionaler Intelligenz, denn der Vergebende muss sich sowohl in den Anderen hineindenken können als auch sich seinen eigenen Emotionen stellen.

Vergebung bedeutet **nicht Billigung oder Begnadigung**. Es bedeutet in keiner Weise eine positive Entschuldigung, Verzeihen, Nachsicht, Akzeptanz oder Rechtfertigung des Täters. Vergeben ist ein längere Zeit dauernder, langsam reifender und wohlüberlegter Tilgungsprozess, der eine innerliche Größe des Gekränkten voraussetzt.

Sucht man nach Synonymen für Vergeben, so findet man: Beenden, Bereinigen, Begnadigen, Entschuldigen, Lossprechen, Nachsicht, Erledigen, Schließen, Verbannen, Tilgen, Ignorieren, Liquidieren, ein

Ende setzen, Archivieren, Ablegen und Vergessen im Sinne von Begraben oder Hinwegsehen. Alle diese Begriffe stehen der Wortbedeutung des Begriffes der Vergebung näher, als dem Vergeben im Sinne von Verzeihen. Das Vergessen als Synonym von Vergeben trifft auch nicht den Kern der Sache. Vergeben und alle anderen genannten Begriffe sind aktive Tätigkeiten; Vergessen ist passiv, man kann nicht aktiv willentlich vergessen; Vergessen ist das passive Entschwinden aus dem Gedächtnis. Ich finde den Ausdruck **Hinwegsehen** als den am besten entsprechenden Begriff im Zusammenhang mit dem hier gemeinten Vorgang des Vergebens.

Reinhard Tausch[92] Prof. an der Universität Hamburg, meint, dass beim Vergeben **nicht die Tat vergeben wird**, sondern ein Hinweggesehen über den Täter, der absichtlich Böses getan hat und es bedeutet nicht dessen Entschuldigung. Dieses Darüber-Hinwegsehen bedeutet nichts anderes, als den **eigenen Groll zu beenden.**

Diese mentale Bewältigung des negativen Ereignisses hat positive seelische Auswirkungen sowohl auf die verletzte Person als auch auf den Täter. Durch Vergebung verzichtet der Geschädigte auf Wiedergutmachung des erlittenen Unrechts, **ohne** den Täter **zu entschuldigen.** Vergebung ist ein Prozess, der nur im Inneren des Geschädigten abläuft. Dieser Prozess ist unabhängig von eventueller Einsicht oder Reue des Täters. Die geschädigte Person befreit sich damit aus der Opferrolle. Das geschehene Böse wird dadurch nicht entschuldigt.

Vergebung kann von niemandem eingefordert werden; sie unterliegt ausschließlich der freien Entscheidung der geschädigten Person. Reinhard Tausch weiter: *„Durch Vergeben ändert sich nichts am Vergangenen, aber es ist eine Bereicherung für die Zukunft"*.

Nach der Vergebung ist nicht mehr der Abbrecher oder dessen Vorgehen das Problem, dieses wurde getilgt. Das „Weitergrübeln" wäre das Problem und das wird mit dem Vergeben (Hinwegsehen) beendet. Man bestraft sich ja nur selbst, wenn man der Vergangenheit verhaftet bleibt und nicht loslässt. Im Loslassen liegt die Selbstheilung. Würde man auf eine Entschuldigung warten (**die ja nicht kommt**), würde man ja weiterhin vom Übeltäter abhängig bleiben.

Es ist doch unsinnig, in einem Zustand zu verharren, in welchem der Andere über mein Wohlergehen entscheidet. Ob er sich entschuldigt oder nicht ist unwesentlich; *„ich habe ohnedies erlebt, zu welch üblen Taten er fähig ist"*

Verzeihen – im Unterschied zum **Vergeben** – bedeutet, dass der „Täter" mit der geschädigten Person Kontakt aufnimmt, somit der Schädiger in den Vergebungsprozess einbezogen wird und beide sich über die verletzende Handlung austauschen (Konrad Stauss: „Die heilende Kraft der Vergebung"[93]). Damit wird eine Kränkung oder ein erlittenes Unrecht nicht als Anlass für Vergeltungsmaßnahmen genommen, sondern mit Nachsicht und Großzügigkeit beurteilt. Das bedeutet keineswegs Billigung des angetanen Unrechts, aber dass man bereit wäre, mit dem Täter über die Geschehnisse zu sprechen, auch wenn es nicht leichtfällt.

Versöhnung (nach Stauss) bedeutet zusätzlich zur Verzeihung, dass beide Seiten, unbelastet von der Verletzung, die frühere Beziehung fortsetzen wollen. R.D. Enright[94] schränkt ein: *„Wenn der Täter keinerlei Reue zeigt und sich nicht ändert, ist Versöhnung ausgeschlossen."*

Albert Schweitzer (1875-1965), Theologe, Arzt, Musiker, Kulturphilosoph und Friedensnobelpreisträger 1952 meint dazu: *„Verzeihen ist die schwerste Liebe"*.

Generell sollte man beim Erinnern an erlittenes Unrecht möglichst keine Emotionen zulassen. (Leichter gesagt, als getan!)

> *„Kern der Vergebung (des darüber Hinwegsehens) ist, einen Schlussstrich zu ziehen. Es ist weise, üble Dinge rasch zu vergessen!"*

Sigrid Engelbrecht und Michael Linden[80] (S. 214), übertiteln ein Kapitel ihres lesenswerten Buches „Lass los!" mit „Das Glück des Loslassens und Vergessens". Dabei wird vieles zurechtgerückt und führt zu einer gelasseneren Sichtweise, die einfach wohltut.

Oft weiß man nicht, aus welchen Motiven der Abbrecher gehandelt hat. Er hat sie Ihnen nicht erklärt und Ihnen auch keine Gelegenheit gegeben, diese zu erkennen. Waren die Ursachen seelische Zwänge, Geldgier, Partnerschaftsprobleme, Insuffizienzgefühle, Dominanz der Eltern, fehlende Wertschätzung, vermeintliche Lieblosigkeit oder sonstige Gründe? Er gab Ihnen keine Gelegenheit zur Aussprache; er hat sich für den Abbruch entschieden, weil er allein darin für sich einen Vorteil sah! **Also grübeln Sie nicht mehr!**

Nicht nur Liebe macht blind, sondern auch Hass und Rache! Es ist viel besser, zukunftsfroh nach vorne zu blicken, das Unerfreuliche hinter sich zu lassen und ganz bewusst erfreuliche Aktivitäten zu setzen.

Üben Sie Achtsamkeit! Achtsamkeit ist eine intensive Form der Aufmerksamkeit sich selbst und anderen gegenüber, die wir bewusst lenken können. Fokussieren Sie Ihre Wahrnehmungen bewusst auf das Positive, konzentrieren Sie sich auf das Gegenwärtige und denken Sie an die Zukunft! Nicht Unerfreulichem, Vergangenem nachhängen, sondern erfreuen Sie sich am „Hier und Jetzt" (lat.: „Hic et Nunc") und verbannen Sie wiederkehrende negative Gedanken! Achtsamkeit kann man lernen und sie sollte im Laufe des Lebens immer besser werden.

Im Loslassen von Vergangenem liegt eine befreiende und heilende Wirkung!

Es erscheint zunächst nicht ganz einfach, aber es macht Sinn: Lösen Sie sich von Vergangenem und sehen Sie als Akt der Selbstbefreiung über Übles hinweg! Michael Linden und Sigrid Engelbrecht präzisieren in aller Deutlichkeit, dass unter „Vergebung" ganz etwas anderes zu verstehen ist, als unter Verzeihung. Sie erklären, dass „Vergebung wenig mit dem Aggressor, dafür aber umso mehr mit dem eigenen Wohlbefinden zu tun hat". (S. 115). Sie erklären weiter, dass Vergebung weder Rechtfertigung der Tat oder des Täters und schon gar nicht Versöhnung bedeutet. Vergebung definieren die Autoren damit, dass man sich bewusst „gegen Groll, Rache und Zurückschlagen entscheidet und die ganze Sache für sich selbst abschließt". Das hat nichts mit Verzeihen zu tun! Sie führen weiter aus, dass Vergebung ein psychologischer Prozess ist, der ausschließlich im Innern des Betroffenen abläuft und weiter „Es gibt eine Reihe von wissenschaftlichen Studien zur *„forgiveness psychology",* die zeigen, dass dies eine wichtige Form ist, erlittenes Unrecht zu bewältigen. (Wade, Nathaniel G. & Worthington, Everett L.[95]).

Vergeben bedeutet nicht Verzeihen !

Durch wissenschaftliche Forschungen ist eindeutig nachgewiesen, dass Vergeben den Stress vermindert und sowohl der Seele als auch dem Körper guttut. Ein Sprichwort sagt sogar: *„Vergeben ist die süßeste Rache".*

Durch die Vergebung wird das Gewicht des Täters herabgesetzt, minimiert und versinkt zum Schluss in der Bedeutungslosigkeit. Der Verbitterung wird entgegengewirkt, sie ist überwunden. Bei Familienabbrüchen werden die Verlassenen wieder Herr des Geschehens.

Um Verbitterungen zu lösen, ist emotionale Weisheit hilfreich, wodurch scheinbar unlösbare Probleme doch einer Lösung zugeführt werden können. „Weise Menschen gelten als gebildet, friedvoll, gelassen, haben Intuition, die Fähigkeit zur Reflexion und Mitleid, sind diskret, sensitiv, nicht wertend, sie können Emotionen verstehen und regulieren" (Gerd Scobel in „Weisheit – Über das, was uns fehlt"[96]).

Emotionale Weisheit verfügt über Toleranz, Resilienz (innere Widerstandskraft), Empathie sowie Selbstreflexion und damit über eine große Problemlösungskompetenz; dadurch ermöglicht sie in allen Situationen eine möglichst gute Lebensbewältigung, indem sie Entscheidungen zumeist zügig und treffsicher fällt. Weise Menschen sind nicht nur empathisch, sie können sich auch selbst aus einer gewissen Distanz hinterfragen und sind überdies zumeist auch humorvoll.

Wir können nicht beeinflussen, welche Herausforderungen das Leben an uns heranträgt, aber wir sind frei in der Bewertung dieser Bedingungen (Viktor E. Frankl[97], 24-facher Ehrendoktor und Begründer der Logotherapie). Wir können unsere Sichtweise und Beurteilung der Ereignisse selbst bestimmen. Wir können die Dinge mit dosierter Gelassenheit bewerten und uns bewusst weniger ärgern bzw. den Ärger weniger an uns heranlassen. Wir sollen unbedingt vermeiden, Verbitterung in unser Inneres zu tief eindringen zu lassen. Gelingt die Abwehr nicht, kann Verbitterung sich verselbstständigen und chronisch werden, dann wird sie zur Krankheit, der „Posttraumatischen Verbitterungsstörung" nach Linden[80]. Diese Erkrankung ist den „Reaktionen auf schwere Belastungen und Anpassungsstörungen" zuzuordnen und mit schwerem subjektivem Leiden verbunden. Hier bedarf es professioneller Hilfe durch gezielte Psychotherapie durch mit Verbitterungsreaktionen vertrauten Therapeuten.

Auch wenn der Abbruch schmerzt, den neuen Fakten muss man sich stellen und sie müssen akzeptiert werden, das Leben geht weiter! Ohne eine Schuldfrage klären zu wollen, was ohnedies oft aussichtslos ist, sollte der neue Ist-Zustand möglichst emotionslos angenommen werden.

Lassen wir emotionslos die wissenschaftlichen Fakten sprechen. Auf die genetische Codierung ihrer Kinder haben Eltern nicht den geringsten Einfluss. Kinder können sich nicht die Eltern aussuchen, Eltern aber auch nicht ihre Kinder. Beim „Crossing Over", dem vollkommen zufälligen Überkreuzen der DNA-Stränge, wenn sich Samen- und Eizelle miteinander verbinden, ist alles möglich und rein dem Zufall überlassen. Das neu entstehende Wesen kann in milliardenfach unterschiedlicher Ausprägung alles sein, vom Heiligen bis zum Massenmörder. Und geben wir uns keiner Illusion hin, alle Nuancen menschlichen Edelmutes und alle Variationen menschlicher Abscheulichkeit finden sich zu allen Zeiten mitten unter uns. Menschen mit den sadistischen Charakterzügen der Schergen der Nazi-Konzentrationslager, befinden sich in der Gegenwart – also jetzt – genauso mitten unter uns, wie zur schrecklichen Zeit des Dritten Reiches; sie können sich in der heutigen Gesellschaft nur nicht ausleben.

Die Eltern können die genetisch vorgegebene „Hardware" in keiner Weise beeinflussen; Eltern können sich nur bemühen, die „Software" so günstig wie irgend möglich zu optimieren; meistens gelingt das ja auch! Johann Wolfgang v. Goethe hat die doch sehr begrenzten Möglichkeiten der Erziehung in seinem Werk „Hermann und Dorothea" lyrisch in Hexametern ausgedrückt:

„Denn wir können die Kinder nach unserem Sinne nicht formen.
So wie Gott sie uns gab, so muss man sie haben und lieben".

Wie vorhin schon berichtet: In der Natur ist das lange Zusammenbleiben der Eltern- und Nachkommen-Generationen die Ausnahme. Nach einer unterschiedlich langen Brutpflege verliert sich bei den allermeisten höheren Lebewesen der enge familiäre Zusammenhalt. Warum sollte es beim Menschen anders sein?

Die Distanz zwischen Eltern und Kindern war in früheren Zeiten wesentlich größer, als heutzutage, wo die Bindung zwischen Eltern und Kindern besonders eng ist. Die Kinder der Urgroßeltern mussten zu diesen in unserem Sprachraum noch „Sie" sagen; heute unvorstellbar. Die Bindung zwischen erwachsenen Kindern und Eltern war in unterschiedlichen Kulturkreisen und zu verschiedenen Zeiten sehr different. Die besondere familiäre Bindung trat erst im ausgehenden 18. Jahrhundert auf.

Dazu Friedrich Schiller im „Lied von der Glocke" (1799):

„Vom Mädchen reißt sich stolz der Knabe
Er stürmt ins Leben wild hinaus
Durchmisst die Welt am Wanderstabe
Fremd kehrt er heim ins Vaterhaus".

Die Trennung vom Elternhaus war zu dieser Zeit nahezu obligat.

Man nannte das „auf die Walz gehen"; heute kaum noch bekannt, aber damals war es üblich, dass sich die Kinder von den Eltern trennten, um sich den Duft der weiten Welt um die Nase wehen zu lassen und gleichzeitig konnten sie damit dem verzopften Elternhaus entfliehen. Eine Trennung im Bösen war es allerdings nicht, und die Rückkehr ins Vaterhaus war sehr wohl vorgesehen.

Heute ist alles anders: Wir leben im Anthropozän und gleichzeitig im egozentrischen Zeitalter. Narzissmus gilt als schick und ist zeitgemäß. Wenn er aber über das notwendige natürliche Maß hinauswächst, ist er die Hauptursache für das Versagen zwischenmenschlicher Beziehungen und des Familienabbruchs.

48. MÖGLICHES ZUSAMMENFINDEN

Bilanzieren Sie nicht! Damit meine ich, rechnen Sie nicht auf, was Sie dem Kind alles Gutes getan haben und wie sehr Sie bemüht waren, seinen Lebensweg zu ebnen. Ganz im Gegenteil, freuen Sie sich über alles, was Sie für eine positive Zukunft der Nachkommen tun konnten. Dass alles letztlich zu keiner harmonischen Beziehung geführt hat, ist oft unerklärlich und schicksalhaft. Hätten Sie nicht das Bestmögliche getan, **dann** müssten Sie ins Grübeln kommen, so aber nicht. Und verlangen Sie auch keine Dankbarkeit. Kinder sind den Eltern keinen Dank schuldig, sondern müssen ihre „Schuld" durch die bestmögliche Erziehungsarbeit und Förderung an ihren eigenen Kindern abtragen; sehen Sie darin eine stets in die Zukunft gerichtete Einbahnstraße.

Der Kontaktabbruch kann für beide Seiten auch eine heilende Funktion haben und den Keim für etwas Positives enthalten. Nach einer längeren zeitlichen Distanz werden ja beide Teile über die Ursachen des Abbruches nachgedacht haben, nicht nur die Fehler der Abbrecher, sondern auch eigene erkannt haben. Daraus könnten Erkenntnisse gewonnen werden, die eine Annäherung ermöglichen. Da die Abbrecher der aktive Teil waren, müsste auch von ihnen die Initiative zur Kontaktaufnahme ausgehen.

Die Psychotherapeutin Dunja Voos aus Pulheim bei Köln, berichtet, dass sie es immer wieder erlebt, dass Kontaktabbrüche nicht dauerhaft sind. Solche plötzliche Sinneswandel zwischen Kindern und Eltern sind für sie nichts Ungewöhnliches, auch wenn die Kinder sich nicht vorstellen konnten, wieder mit ihren Eltern ins Gespräch zu kommen. Die Wiederannäherung ist äußerst schwierig und kann nur mit größtem Feingefühl gelingen. Keinesfalls sollte versucht werden, Schuldzuweisungen auszutauschen, das wären schlechte Voraussetzungen für ein Zusammenfinden.

Die Annäherung kann nur so geschehen, als ob sich zwei Fremde treffen: Vergangenes ist vergangen und wird nicht verbalisiert. Zwei Fremde, die vorsichtig ausloten, ob sie es sich gegenseitig wert sind, dass man in näheren Kontakt treten will. War Hass ausschlaggebend für den Abbruch, sollten die Verlassenen keine Versuche einer Wiederannäherung ins Auge fassen. Und sollten die Verlassenen vermögend sein, ist es durchaus angebracht, über eine Neufassung des Testamentes nachzudenken. Es gibt vielleicht würdigere Menschen oder Institutionen, die man großzügig unterstützen kann, so wie man es vorher mit den AbbrecherInnen getan hat und es vor dem Familiencrash auch weiterhin in Absicht hatte. Es ist auch nicht schwierig, die Motive einer Wiederannäherung der Abbrecher darauf zu analysieren, ob es schlichte Erbschleicherei ist und sie nur aus diesem Grund eine Wiederannäherung haben wollen.

Völlig unangebracht wäre es, wenn Eltern in Selbstmitleid zerflössen. Die Autorinnen Eva Geberding und Evelyn Holst[98], meinen, *„man darf seine Kinder nicht wie verrückt lieben. Man muss sie mit Vernunft lieben"* und die Schauspielerin Isabella Huppert sagte in einem Interview (Zeit): *„Schluss mit Selbstmitleid! Wir müssen aufhören, unsere Kinder als Glücksgaranten zu sehen"*. Warten wir nicht auf Anrufe, E-Mails, oder SMS-Nachrichten, sondern leben wir ihnen vor, wie schön das Leben auch ohne sie ist! Gisela Kurath[99] gebraucht den Ausdruck „emotionaler Phantomschmerz". Dem dürfen sich Eltern nicht hingeben. Professionelle Hilfe von Psychiatern, Psychologen oder Psychotherapeuten in Anspruch zu nehmen, ist in vielen Fällen sehr zu empfehlen und hilfreich; meines Erachtens aber nur, wenn beide Parteien dieselbe Person um Hilfe ersuchen, sei es getrennt oder gemeinsam, denn sonst hört z.B. der Psychotherapeut oder Psychiater immer nur die halbe Wahrheit, was eine positive Lösung unwahrscheinlicher macht.

Ständig alten Zeiten, wo noch alles „heil" war, nachzutrauern, bewirkt nichts und ist sinnlos. Das ständige Hoffen auf ein Zusammenfinden verhindert nur, den realen Zustand zu akzeptieren und führt im schlimmsten Fall zu Verbitterung.

Der Grazer Psychotherapeut Philip Streit[100] meint: „*Dass Kinder ihre Eltern verlassen, ist eigentlich der normale Lauf der Dinge.*" und der Psychotherapeut Roland Kachler[77] sagt sogar: „*Funkstille ist ein Zeichen unserer Zeit*".

Primär wichtig ist, dass sich beide Seiten darüber bewusst werden, dass sie vieles unterschiedlich wahrgenommen und beurteilt haben. Vielleicht hat sich das Kind unfrei und unterjocht gefühlt, während die Eltern dachten, sie hätten doch alles getan, um das Kind bestens zu fördern. Die vielen Möglichkeiten gegenseitiger Fehlinterpretationen wurden in diesem Buch eingehend dargelegt. Die Eltern waren der Ansicht, alles Wesentliche für die Zukunft der Heranwachsenden getan zu haben, während das Kind vielleicht der Meinung war, man habe sich ihm zu wenig gewidmet, es habe zu wenig Zuwendung erfahren oder die Eltern seien zu engstirnig gewesen.

Die Psychologin und Psychotherapeutin Claudia Haarmann (Essen, Deutschland), antwortete in einem Interview vom 16.08.2018 auf die Frage, was sie Eltern nun zu tun rate: „**Nichts zu tun**"! Hört sich unerträglich an, ist aber für beide Teile oft das Beste. Eine Kontaktaufnahme kann erst erfolgreich sein, wenn Abbrecher eine derartige Reife erreicht haben, dass sie die Ursachen für den Kontaktabbruch neutral-distanziert sehen können und beide Seiten objektiv bewerten können. Und Angelika Kindt[15] meint auf die Frage was sie täte, wenn ihre Tochter nach jahrelanger Trennung plötzlich vor ihr stünde: *„Nicht gleich was sagen, sondern sie nur in den Arm nehmen".*

Es scheint generell geboten, dass eher die Abbrecher den Kontakt suchen sollten, als die verlassenen Eltern. Dies wird aber in manchen Fällen nicht möglich sein und – nochmals betont – sehr davon abhängen, wie der Abbruch vollzogen wurde.

Wenn z.B. wie im Fall Reinhold (siehe Protokoll eines Abbruches, Kapitel 40), die Trennung durch Hass motiviert war und darüber hinaus noch der Wille zur Zerstörung tatbestimmend war (*„Ich werde dir schaden, wo ich nur kann"*), ist eine charakterliche Nachreifung des Abbrechers eher nicht zu erwarten.

Sollte es zu keiner Wiederaufnahme des Kontaktes kommen, muss man das akzeptieren und positiv in die Zukunft schauen, das Leben geht weiter. Erzwingen lässt sich nichts. Vergangenen Dingen nachzuhängen, die nicht zu ändern sind, sollte man sein lassen. Wenn ein Kind die Familie verlassen hat, tat es dies aus eigenem Entschluss. Das ist zu akzeptieren und ist kein allzu großes Unglück. Wissen sie, was ein wirklich großes Unglück ist? Eine Mutter sagte mir einmal vor langer Zeit: **„Ich hatte vier Söhne"**; und nach einer Pause fügte sie tonlos hinzu **„und alle vier sind im Krieg gefallen"**.

49. „KÖNNEN SIE IHREM KIND VERZEIHEN?"
(im Unterschied zu „vergeben")

…fragte ich den Mann, nachdem er mir die Geschichte von Reinhold erzählt hatte. Er dachte kurz nach und sagte zögernd: *„Anfänglich war ich von seiner hasserfüllten Vorgangsweise so betroffen, dass ich das nicht im Entferntesten in Erwägung gezogen habe. Nach eingehender Beschäftigung mit allen Facetten, kann ich die Hintergründe und Motive ziemlich gut durchschauen, wenn ich sie auch nicht gutheißen kann, und Fehler machten wir beide!"*

Wenn man die vorliegende schwergradige Persönlichkeitsstörung in Betracht zieht, rundet sich das Bild ab. Vergibt man jemandem, ist das ja nicht gleichbedeutend mit einem Freispruch. Aus der zeitlichen Distanz und unter Berücksichtigung seiner doch abnormen Persönlichkeitsstruktur denke ich, dass die Trennung letztlich absolut notwendig und für beide Seiten das Beste war. Eine Trennung muss nicht unbedingt negativ gesehen werden, manchmal ist sie das einzig Richtige! Hass sollte dabei aber keinen Platz haben!

„Das Letzte, was ich von meinem Sohn zu hören bekam, war, dass er mir hasserfüllt ins Gesicht schrie, er werde mir schaden, wo er nur könne!"

Ich halte es für eher unwahrscheinlich, dass er charakterlich derart nachreift, dass er im Laufe der Jahre in der Rückbesinnung eine objektivere Einsicht gewinnt; aber nur dann könnten die Voraussetzungen für eine Wiederannäherung gegeben sein. So lange aber der Hass mir gegenüber sein Leben bestimmt, wird es zu keiner Änderung des Status quo kommen.

Dazu Wilhelm Busch (15.4.1832 – 9.1.1908), Klassiker des deutschen Humors, Dichter, Zeichner, Maler und der eigentliche Erfinder der „Comics":

„Hass, als minus und vergebens
Wird vom Leben abgeschrieben
Positiv im Buch des Lebens
Steht verzeichnet nur das Lieben
Ob ein Minus oder Plus
Uns verblieben, zeigt der Schluss".

EPILOG

Ich hoffe, ich konnte in diesem Buch die Vielschichtigkeit und unterschiedlichsten Motive eines Familienabbruches darlegen. Möglicherweise konnten durch die Fachliteratur und die zahlreichen angeführten Beispiele neue Einsichten vermittelt werden. Unabhängig ob es zu einer Wiederannäherung kommt oder nicht, das Leben geht weiter und hält noch unendlich viele schöne Augenblicke für Sie bereit. Ich wünsche allen Betroffenen, allen Leserinnen und Lesern das Beste für die Zukunft.

Was ist nun der Succus dieses Buches, was will es vermitteln? Eine kurze Zusammenstellung:

Die so sehr gewünschte ideale, heile Familie ist eher zur Ausnahme geworden; die Realität ist leider meist anders.

Die gravierenden Änderungen in der Gesellschaft, dem Bildungswesen, in der Erziehung und dem gestiegenen Leistungsdruck bei Eltern und Heranwachsenden bei gleichzeitigem Verlust ethischer Werte, führten und führen zu einer zunehmenden Entwertung der Familie.

Eltern und Kinder sind nicht Täter, sondern Opfer dieser Entwicklung.

Ihre Familie ist keine Ausnahme; die familiären Bindungen sind brüchiger geworden. Die neurophysiologischen Erkenntnisse können diesen Umbruch zum Teil erklären, und die Ergebnisse psychologischer Forschungen tragen zum Verständnis bei.

Das zugenommene Anspruchsdenken und die allgemein gestiegenen finanziellen Begehrlichkeiten haben die Egozentrik in den Mittelpunkt gestellt. Wer im Hamsterrad nicht mitläuft, bleibt zurück und scheint zu verlieren.

Biologisch ist die Vernetzung der Generationen nicht so eng, wie Sie glauben.

Abbruch ist keine Katastrophe.

Nach dem Abbruch geht das Leben weiter; genießen Sie es!

Die Auflösung toxischer Beziehungen hat heilende Wirkung und löst Blockaden.

Hängen Sie nicht an Vergangenem! Eine unbeschwerte Zukunft steht vor Ihnen.

Das Leben eröffnet stets neue Chancen; nützen Sie sie!

Treffen Sie sich mit ebenfalls von dieser Thematik Betroffenen und tauschen Sie sich über das Erlebte aus!

Leben Sie ein in die Zukunft gerichtetes, positives und von der Vergangenheit losgelöstes Leben!

Wenn Ihnen dieses Buch dazu verhelfen konnte, hat es sein Ziel erreicht.

DANKSAGUNGEN

Zum Abschluss möchte ich mich bei all jenen herzlichst bedanken, die mich beim Verfassen dieses Buches unterstützt haben. Insbesondere bin ich allen Personen zu Dank verpflichtet, die mir vertrauensvoll oft sehr detaillierte und intime Einblicke in ihr Familienleben gewährt haben, wodurch zuweilen recht theoretisch wirkende Passagen dieses Buches mit Leben erfüllt werden konnten. Alle Beispiele sind authentisch und wurden genau so berichtet, wie sie sich zugetragen haben. Selbstverständlich wurden alle Mitteilungen derart verfremdet, dass keine Rückschlüsse auf lebende Personen gezogen werden können.

Gleichzeitig durfte ich auch erleben, dass, nachdem die Personen ihr Inneres geöffnet hatten, bei ihnen oft anschließend eine merkliche Erleichterung eintrat, allein aus der Tatsache heraus, dass sie einen aufmerksamen Zuhörer gefunden hatten, der Anteilnahme an den Geschehnissen entgegengebracht hatte. Man darf wohl von einer Win-win-Situation sprechen. Das große Bedürfnis nach Aufarbeitung der Familienabbrüche wird auch durch die immer zahlreicher werdenden Selbsthilfegruppen zu diesem Thema belegt. Vielleicht kann dieses Buch zum Verständnis und zur Aufarbeitung dieser Thematik ein wenig beitragen.

Mein großer Dank gilt Herrn Dipl.-Ing. Paul Struzl, geschäftsführender Inhaber der Akademischen Druck- u. Verlagsanstalt (ADEVA) Graz für die vielen hilfreichen Hinweise und die Einführung in die spannende Welt des Buchdruckes, was mir bei der Entstehung dieses Buches sehr geholfen hat. Ganz besonders bedanke ich mich bei Herrn Mag. Oliver Roth, der mir im Rahmen seines akribischen und ermutigenden Lektorates mit sehr vielen wertvollen Anregungen und Verbesserungen stets unterstützend zur Seite stand!

Nochmals darf ich auf die Beiziehung professioneller Hilfe durch ausgebildete Psychologen, Psychotherapeuten und Fachärzte hinweisen, welche, bei rechtzeitiger Kontaktaufnahme, wohl häufig einen Familienabbruch hätten verhindern können.

LITERATURVERZEICHNIS

1. Haarmann Claudia, Psychologin in eigener Praxis in Essen: „Kontaktabbruch in Familien – Wenn ein gemeinsames Leben nicht mehr möglich scheint".
2. Stollberg Dietrich, Prof. für Praktische Theologie in Marburg, Mitglied der Evangelischen Konferenz für Familien- und Lebensberatung in Berlin; zit. bei Eikmann Jörg, Dipl. Psychologe: „Eltern - das war´s – Warum Kinder plötzlich gehen". Books on Demand GmbH. Norderstedt, 2012.
3. Rabindranath Tagore, (1861 – 1941), Indischer (bengalischer) Dichter, Philosoph, Sozialreformer u. Literatur-Nobelpreisträger 1913
4. Hirigoyen Marie-France, „Die toxische Macht der Narzissten", dt. Ausgabe C.H. Beck OHG Verlag, München 2020, S. 240
5. Haarmann Claudia, „Kontaktabbruch in Familien", S. 30
6. Liessmann Konrad Paul, lehrt Methoden der Vermittlung von Philosophie und Ethik an der Universität Wien; Essay in „Kleine Zeitung" vom 20.11.2020
7. Haarmann Claudia: „Kontaktabbruch in Familien", S. 62
8. Haller Reinhard, Psychiater, Neurologe, Psychotherapeut, Gutachter, Bestsellerautor, Chefarzt der psychiatrisch-psychotherapeutischen Klinik Großebene, Vorarlberg, Österreich. „Die Narzissmusfalle – Anleitung zur Menschen- und Selbsterkenntnis", Ecowin-Verlag (Salzburg-München, 12. Auflage, 2019, S. 113
9. Haller Reinhard, „Das Wunder der Wertschätzung – Wie wir andere stark machen und dabei selbst stärker werden", Gräfe und Unzer Verlag, München, 2019.
10. Darwin Charles (1809 – 1882), „On the Origin of Species", 1859, („Über die Entwicklung der Arten")
11. Bonelli, Raphael M.: „Das Psy-Event" vom 5.10.2019 Expedit-Halle, Thema: Narzisstische Kinder. „Wie Eltern ihre Kinder verherrlichen und es später bereuen"

12 Freud Sigmund (1856 – 1939): Vorlesung „Zur Einführung des Narzissmus" (1913) und Buch „Zur Einführung des Narzissmus" (1924)

13 Brummelman Eddie, Universität Amsterdam, „Bewundere mich!", Überleben in einer narzisstischen Welt (2019).

14 Lehofer Michael, Psychotherapeut, Psychiater, ärztlicher Direktor u. Leiter der Abteilung für Psychiatrie und Psychotherapie am Landeskrankenhaus Graz Süd-West, Bestsellerautor: „Alter ist eine Illusion", 2021, Gräfe und Unzer Verlag, München, S. 19.

15 Kindt Angelika: „Wenn Kinder den Kontakt abbrechen", Südwest Verlag 2011, Stuttgart und Fernsehinterview vom 3.9.2014 Alpha & Omega, „Funkstille – wenn Kinder ihre Wurzeln kappen".

16 Klußmann Rudolf, „Väter Söhne", Charaktere und Konflikte, eine pseudohistorische Studie über Herrscherhäuser. (Pabst Verlag)

17 Döring Dorothee, „Das war´s", Paulinus Verlag GmbH, Trier, S. 29

18 Raskin Robert und Terry Howard: „A principal-components analysis of the Narcissistic Personality Inventory and further evidence of its construct validity" in Journal of Personality and Social Psychology, 54, 1988. Zit. nach Hirigoyen, Marie-France, S. 90.

19 Kernberg Otto F., (geb. 1928), aus Wien stammender und in New York lebender Psychoanalytiker: „Narcissistic personality disorders", Part I, in Psychiatric Annals, Vol. 39, März 2009, S. 105-167). Leitete in den 70er Jahren die Allgemeine Psychiatrische Abteilung im New Yorker State Psychiatric Institute, 1997-2001, Präsident der Internationalen Psychoanalytischen Vereinigung. „Borderline-Störungen und pathologischer Narzissmus", Frankfurt am Main, 1978; prägte gemeinsam mit Kohut Heinz (1913-1981) den Begriff des pathologischen Narzissmus.

20 Hirigoyen Marie-France: „Die toxische Macht der Narzissten", C.H. Beck OHG, dt. Ausgabe, München 2020, S. 87

21 Kernberg Otto F.: „Borderline-Störungen und pathologischer Narzissmus" (1978) S. 262f., zit. bei Haller, S. 100

22 Kohut, Heinz (1913-1981), 1964-1965 Präsident der Amerikanischen Vereinigung für Psychoanalyse und Vizepräsident der Internationalen Psychoanalytischen Vereinigung, „The Analysis oft the Self", dt. „Narzissmus". Suhrkamp, Frankfurt am Main, 2003.

23 Gottmann John, Psychologe an der Universität von Washington, zit. n. Goleman, S. 187f.

24 Zillmann Dolf, Psychologe an der Universität Alabama, zit. n. Goleman, „Emotionale Intelligenz", S. 84f

25 Fromm Erich, Psychiater, Gesamtausgabe in 12 Bänden, Deutsche Verlags-Anstalt, Stuttgart 2000

26 Lohaus Daniela, Psychologin an der Techn. Universität, Darmstadt, (zit. bei Reinhard Haller: „Das Wunder der Wertschätzung", 2013, S. 179)

27 Studie Kraftwerk Anerkennung OG: Umfrage Anerkennungskultur in unserer Wirtschaft. Ergebnisse 2013.

28 Scholz Herwig und Zapotoczky Hans Georg: „Manual zur mehrdimensionalen Therapie der Depressionen", Verlag Kohlhammer.

29 Bauer Joachim: „Warum ich fühle, was du fühlst – Intuitive Kommunikation und das Geheimnis der Spiegelneurone", Heyne; zit. bei Haller: „Das Wunder der Wertschätzung", S. 69

30 Haller Reinhard: „Das Wunder der Wertschätzung", Titel eines Kapitels: „Neid – die Triebfeder aller Entwertungen", S. 91

31 Epstein Joseph, zit. ebendort, S. 91

32 Watzlawick Paul, „Anleitung zum Unglücklichsein", Piper, München 2009

33 Bussmann Kai, Kriminologe an der Universität Halle/Saale; zit. bei Jörg Eikmann: „Eltern – das war´s", S. 25

34 Eikmann Jörg, „Eltern – das war´s. Warum Kinder plötzlich gehen", S. 25

35 Lehofer Michael, siehe 14, „Alter ist eine Illusion", S. 43

36 Lotze Rudolph (1817-1881), zit. bei Haller R.: Das Wunder der Wertschätzung", S. 17

37 Titchener E.B., zit. bei Goleman Daniel: „Emotionale Intelligenz", Carl Hanser Verlag, S. 130

38 Rogers (Carl 1902-1987), zit. bei Haller R.: „Das Wunder der Wertschätzung", S. 17

39 Leslie Brothers, Psychiater am California Inst. of Technology, „A Biological Perspectiv on Empathy", American Journal of Psychiatry 146, 1, 1989, zit. bei Goleman J. „Emotional Intelligence – Why it can matter more than IQ." S. 135, Bantam Books, New York 1995

40 Perry Philippa, Psychotherapeutin: „Das Buch, von dem du dir wünschst, deine Eltern hätten es gelesen" Ullstein-Verlag, Berlin 2019, S. 68.

41 Hawking Stephen William (1942-2018), Kosmologe, Quantenphysiker, 13facher Ehrendoktor, Lehrstuhlinhaber für Mathematik an der Universität Cambridge, Autor bahnbrechender Erkenntnisse über Kosmologie und „Schwarze Löcher" sowie über das Phänomen der Zeit.

42 Glen H. Elder: „Children Of The Great Depression", Rout Ledge, 1999.

43 Frankl, E. Viktor, 24-facher Ehrendoktor und Begründer der Logotherapie, einziger Holocaust-Überlebender seiner Familie, Bestsellerautor, „Trotzdem JA zum Leben sagen" und „Der Wille zum Sinn", Ausgewählte Vorträge über Logotherapie", Huber, München/Zürich. 1991.

44 Werner, E. Emmy: „The children of Kauai", University of Hawaii Press, Honolulu,1971

45 Maek Stefanie: in Spiegel Online, 3. Februar 2013.

46 Sartorius Ariadne, Psychotherapeutin Frankfurt/Main, Spectrum - Die Woche, 25/2019

47 Pietschnig Jakob, lehrt und forscht über Differentielle Psychologie u. Psychologische Diagnostik am Inst. für Psychologie der Entwicklung und Bildung an der Univ. Wien: „Intelligenz – Wie klug sind wir wirklich?" S. 112, Ecowin Verlag, 2021.

48 Stern Williams (1871-1938), „Über Psychologie der individuellen Differenzen", Leipzig, Barth.
49 Cattell Raymond B. (1905-1998), zit. bei Pietschnig J., „Intelligenz", S. 50
50 Pietschnig Jakob: „Intelligenz", Ecowin-Verlag, 2021, S. 50
51 Gardner Howard, Psychologe an der Harvard School of Education: Projekt Spectrum und „Frames of Mind", 1983; zit. bei Goleman Daniel, „Emotionale Intelligenz", S. 61
52 Goleman Daniel, Psychologe an der Harvard Universität: „Emotionale Intelligenz", Why it can matter more than IQ, Bantam Books, New York 1995, Carl Hanser Verlag, S. 25
53 Mayer John D., Psychologe an der Universität von New Hampshire, Spezialist für Emotionale Intelligenz., zit. bei Haller R., „Das Wunder der Wertschätzung", S. 112
54 LeDoux Joseph, Neurowissenschaftler am Center for Neural Science der Universität New York: „Emotion and the Limbic System Concept", Concepts in Neuroscience, 2, 1992
55 Soliman Tina: "Funkstille", Klett-Cotta, 2011, S. 138.
56 Haller, Seite 108
57 Gesammelte Werke, Anaconda, 2014
58 Haller, Seite 51
59 Tice Diane, Psychologin an der Western Reserve-Universität in einem Gespräch mit Goleman, zit. bei Goleman „Emotionale Intelligenz", S. 81
60 Hesse Hermann (1877-1962), bekanntester deutschsprachiger Autor des 20. Jahrhdt. in seinem Gedicht „Stufen", 1941.
61 Bion Wilfred, Psychoanalytiker: „Lernen durch Erfahrung", Frankfurt/Main, Suhrkamp, 1997
62 Haller Reinhard: „Die Macht der Kränkung", Ecowin-Verlag, 2015, S. 9
63 Hildegard von Bingen (1098-1179), Äbtissin, Mystikerin, Dichterin, Komponistin und, für die damalige Zeit, Universalgelehr-

te, die sich auch mit Medizin befasste.
64 Ringel Erwin (1921-1994), Individualpsychologe, errichtete 1948 das weltweit erste Zentrum für Suizidprävention in Wien und beschrieb das „Präsuizidale Syndrom"
65 Adler Alfred (1870-1937), Begründer der Individualpsychologie, „Über den nervösen Charakter" (1912), „Die Seele des schwererziehbaren Schulkindes" (1930)
66 Rauchfleisch Udo, Psychotherapeut, zit. bei Tina Soliman „Funkstille", S. 24
67 Wedler Hans, Psychotherapeut, zit. bei Tina Soliman „Funkstille", S 54
68 Teuschel Peter, Dr., Psychologe: "Das schwarze Schaf – Benachteiligung und Ausgrenzung in der Familie", Trier, Paulinus Verlag GmbH, 2018, zit. bei Döring Dorothee: „Das war´s", S. 24
69 Porges Stephen, Wissenschaftler an der Indiana Universität und Psychiater an der Universität von North Carolina: „Die Polyvagal-Theorie", Paderborn, Junfermann 2010
70 Grossmann Paul & E.W. Taylor, 2007, Biological Psychology 74, (2), 263 – 285.
71 Williams Wendy und Sternberg Robert, Group Intelligence: „Why Some Groups are Better Than Others", Nov. 1994
72 Beard, George Miller, US-amerikanischer Neurologe, führte 1869 den Begriff „Neurasthenie" ein und subsummierte darunter vor allem nervöse Schwächezustände, Angst, Impotenz und Depression. „Neurasthenia, or Nervous Exhaustion", Boston Medical and Surgical Journal, Band 80, Nr. 3, 1869, und „The Nature and Diagnosis of Neurasthenia", New York, Medical Journal, 1879; 29.
73 Soliman Tina, „Funkstille", S. 23
74 Haland-Wirth Trin, zit. bei Tina Soliman „Funkstille", S. 95
75 Teising Martin, Psychiater, zit. bei Tina Soliman „Funkstille", S. 102

76 Döring Dorothee, „Das war´s", Paulinus Verlag GmbH, Trier, S. 12
77 Kachler Roland, Diplompsychologe, Psychotherapeut, Leiter der Psychologischen Beratungsstelle Esslingen, Autor zahlreicher Fachbücher mit eigener Praxis in Remseck-Aldingen.
78 Haller Reinhard: „Die Macht der Kränkung", Ecowin, 2015, Salzburg-München
79 Bonelli, Raphael M., „Selber schuld!", Ein Wegweiser aus seelischen Sackgassen". Pattloch, München, 2013
80 Linden Michael, Psychologe, Psychiater und Psychotherapeut, Leiter der Forschungs-Gruppe „Psychosomatische Rehabilitation" an der Charité, Berlin, ist Erstbeschreiber (2003) der „Posttraumatischen Verbitterungsstörung" (ICD-10, F 43.8), Hogrefe, Band 65, 2017, in „Fortschritte der Psychotherapie", 2017. ISBN 978-3- 8444-2822-3. Linden und Engelbrecht Sigrid, Mentaltrainerin, Co-Autorin des Buches „Lass los! Es reicht", Wege aus der Verbitterung, Ecowin-Verlag, Salzburg-München, (2018), ISBN 978—3-7110-0138-2 und RPP-Vortrag anlässlich der Fachtagung „Schuld und Vergebung" am 5.5.2018 im Zisterzienserstift Heiligenkreuz im Wienerwald.
81 Sichel Mark, „Healing from family rifts. Ten steps to finding peace after being cut off by a family member", McGraw-Hill Education, New York, 2004, zit. bei Linden Michael, S. 47)
82 Alexander James: „The psychology of bitterness", International Journal of Psychoanalysis, 41, 1966, S. 514 – 520)
83 Baumann Kai und Linden Michael, „Weisheitskompetenzen und Weisheitstherapie – Die Bewältigung von Lebensbelastungen und Anpassungsstörungen", Pabst Science Publishers, Lengerich, 2008 und 6. Auflage 2016; zit. n. Linden „Lass los!", (S. 62)
84 Enright R. D.: „Vergebung als Chance. Neuen Mut fürs Leben finden", 2006, S. 28,74)

85 Haller Reinhard: „Rache, Gefangen zwischen Macht und Ohnmacht", ecowin-Verlag, 2021, S. 17.
86 Kip Williams (Ohio State University), zit. bei Haller :"Rache", S. 67.
87 Dominique de Quervain und Fehr Ernst: in Wissenschaftsjournal Science Bd. 305, S. 1254, zit. bei Haller „Rache", S 49.
88 Azimov Isaac (1920-1999), russisch-amerikanischer Biochemiker und SciFi-Bestseller-Autor, zit. bei Haller:" Rache", S. 108.
89 Haller R.: „Rache", S. 140f
90 Haller R.: „Rache", S. 218f
91 Maes, Jürgen: „Psychologische Überlegungen zu Rache". Berichte der Arbeitsgruppe „Verantwortung, Gerechtigkeit, Moral", S. 76, Leibnitz, 1994, zit. bei Linden, M.: "Das war`s", S. 93)
92 Tausch Reinhard, Prof. an der Univ. Hamburg, in „Psychologie heute", Verlagsgruppe Beltz, 20 (4), 1993 und „Verzeihen. Die doppelte Wohltat", S. 20-26)
93 Stauss Konrad, Psychiater u. Neurologe, Gründer der „Klinik für Psychosomatische Medizin" in Bad Grönenbach, „Die heilende Kraft der Vergebung", Kösel-Verlag München, (2010, S. 114 f)
94 Enright R. D.: „Vergebung als Chance – Neuen Mut fürs Leben finden" (2006), S. 37f
95 Wade, Nathaniel G. & Worthington, Everett L.: „The psychology of unforgiveness and forgiveness and implications for clinical practice". In: Journal of Social and Clinical Psychology, 18, 4, 12/1999, S. 385-418; zit. bei Engelbrecht Sigrid u. Linden Michael, „Lass los!", ecowin, Salzburg-München, 2. Auflage 2019, S. 116
96 Scobel, Gerd: „Weisheit – Über das, was uns fehlt", DuMont, Köln, 2008
97 Frankl, Viktor E., S. 109.
98 Geberding Eva und Holst Evelyn: „Wer sagt, dass Kinder glücklich machen?", Südwest Verlag

99 Kurath Gisela, Lebensberaterin mit Praxis in Graz, Leiterin des Vereins „Das Haus von morgen", Selbsthilfe bei Kontaktabbruch innerhalb der Familie.
100 Streit Philip, Dr. phil., Lebensberater, Psychologe, Graz.
101 Die Borderline-Persönlichkeitsstörung weist auf eine instabile Persönlichkeitsstruktur hin und gehört zu den häufigsten Persönlichkeitsstörungen; ca. 3 Prozent der Bevölkerung leiden an dieser Störung. Bei diesen Menschen genügt oft ein kleiner Auslöser, um das emotionale Gleichgewicht zu verlieren. Gefühle wie Wut, Angst oder Verzweiflung setzen schlagartig ein und können schnell wechseln. Diese starken Gefühle können zu impulsivem Handeln führen. Explosive Gefühlsausbrüche haben ihre Wurzeln darin, dass „Borderliner" nicht in der Lage sind, Erlebnisse emotional zu verarbeiten und einzuordnen, und dies basiert in erster Linie auf einem geringen Selbstwertgefühl und Angst vor Zurückweisung. Das Hauptsymptom der Borderline-Störung ist die emotionale Instabilität, wodurch es zu sozialem Fehlverhalten und Problemen in zwischenmenschlichen Beziehungen kommt.

Diese Aussage von Theodor (s. Seite 129!) weist darauf hin, dass er sich der unangepassten und z. T. illegalen Handlungen wohl bewusst war, aber durch den Hinweis, er sei halt eine „Borderline-Persönlichkeit", entschuldigt sei.